LE

BAILLIAGE D'AUXERRE

LISTES

DES OFFICIERS ET DES CONSEILLERS DU BAILLIAGE

PAR

M. Francis MOLARD.

Extrait de l'*Annuaire de l'Yonne* pour 1891.

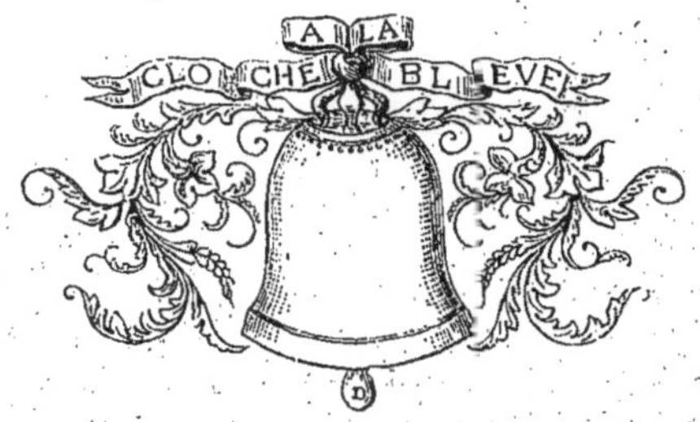

AUXERRE

IMPRIMERIE ET LITHOGRAPHIE DE L. BONSANT

1891

(10)

À M. Léopold Delisle, administrateur
général de la Bibliothèque nationale

Hommage très-respectueux.

Fr. Molard

LE BAILLIAGE D'AUXERRE

Le manuscrit que je publie cette année dans l'Annuaire est une partie du Livre d'or de l'aristocratie auxerroise.

Dès la moitié du xive siècle, les vieilles familles féodales résidant sur le sol ayant disparu, sauf celle des Chastellux, leurs seigneuries furent occupées, par des gentilshommes ayant souvent charges de cour, ou tout au moins enrôlés au service du roi de France. La puissance du monarque, augmentant tous les jours, attirait forcément auprès de lui tous les seigneurs qui, fatigués de leur importance rurale, et las de petites querelles avec leurs voisins, aspiraient à figurer sur un théâtre plus vaste, pour y conquérir la richesse et la gloire. La réunion, sous Charles V, du comté d'Auxerre à la France, et l'installation d'un bailliage accélérèrent cette transformation.

Les premiers baillis, très grands personnages, durent forcément choisir leurs conseillers bénévoles parmi les bourgeois riches et lettrés de la ville. Les nobles continuèrent d'aller à la cour et à la guerre ; il se forma à Auxerre un tiers état aisé, puissant et considéré, pour qui les charges judiciaires, au fond plus onéreuses que lucratives, devinrent un véritable monopole. On était de père en fils, ou d'oncle à neveu, conseiller au bailliage et présidial, lieutenant général, lieutenant particulier, procureur du roi, etc. Il en était de même au chapitre.

Les frères puînés des magistrats devenaient chanoines. J'espère, un jour, en donner la liste, du moins autant qu'il me sera possible. C'est ainsi que de vieilles et honorables familles, de fortune moyenne, trouvaient un juste et légitime débouché à leurs ambitions.

Je me suis servi, pour éditer cette liste, de deux manuscrits sur lesquels j'ai à donner quelques détails. Le premier a été découvert aux archives. C'est une copie faite par l'honorable M. Quantin, mon éminent prédécesseur, d'après un original fourni par M. Chardon. L'autre provient des papiers du révéré et regretté M. Ambroise Challe, ancien président de la Société des sciences. M. et Mme Limosin ayant bien voulu, conformément à ses intentions, remettre à la Bibliothèque la plus grande partie de ses livres et de ses papiers, en y fouillant, j'ai mis la main sur deux petits cahiers in-4°, chacun d'eux recouvert par une vieille charte française du commencement du xvie siècle, et contenant un tableau du bailliage de tous points semblables à celui de M. Quantin.

La liste va, comme dates extrêmes, de 1554 à 1752 dans sa rédaction primitive ; mais il y a des adjonctions postérieures jusqu'en 1783. L'auteur est un sieur Coullault de Berry, seigneur de l'Epinette, conseiller au bailliage d'Auxerre à partir de 1736. Il était doyen et garde scel de sa compagnie en 1777. Les additions faites à la rédaction première semblent être de sa main. Il avait succédé à son oncle maternel, Martineau Nicolas ; sa femme se nommait Suzanne-Anne de Morphy, fille de Guillaume de Morphy, émigré irlandais, originaire de Corke, établi comme docteur en médecine à Vézelay. Le père et la mère de ce conseiller avaient été ensevelis à Notre-Dame-la-d'Hors en 1759 et en 1760.

Les noms de tous ces magistrats ont été tirés des archives du bailliage, aujourd'hui au greffe. Ce dépôt était alors disposé suivant un mode de classement dont on reconnaît la trace dans les deux manuscrits, et qui était tout différent de celui adopté aujourd'hui. La liste est divisée ainsi qu'il suit : grands baillis, 1561-1783 ; — présidents anciens, 1561-1764 ; — présidents nouveaux, 1635-1764 ; — lieutenants généraux, 1561-1777 ; — lieutenants criminels, 1561-1780 ; — lieutenants particuliers, 1548-1776 ;

— lieutenants assesseurs, 1600-1776 ; — chevaliers d'honneur, 1699-1768 ; — anciens avocats du roi, 1561-1780 ; — avocats du roi, 1564-1749 ; — procureurs du roi, 1564-1781 ; — prévôts royaux, 1564-1749 ; — lieutenants généraux d'épée ayant rang après le lieutenant général du bailliage, 1705-1773 ; — enfin, les conseillers au bailliage, 1554-1783.

Comme on le voit, cette liste donne une série complète des divers dignitaires qui composaient un bailliage de province.

L'effectif, on le conçoit, n'a pas toujours été le même. Suivant l'état de ses finances, quand les offices devinrent vénaux, le roi en créait ou en supprimait. Parfois, les provinces elles-mêmes les rachetaient ; plusieurs d'entre eux étaient absolument honorifiques, tels que ceux des grands baillis, des lieutenants généraux d'épée et des chevaliers d'honneur. Ceux-ci étaient même assez souvent des militaires, des officiers servant à leurs corps, ne cherchant dans l'acquisition de pareils titres qu'une satisfaction de vanité, ou de préséance dans leur très petite ville natale. D'autre part, les rois de France avaient réuni aux bailliages toutes les autres magistratures éparses, telles que les prévôtés ; ils y avaient même ajouté des présidiaux, de manière à en faire un corps important et considéré. Certes, les appointements étaient maigres, les épices peu abondantes, et le tout formait à peine l'intérêt du prix d'achat. Mais on avait, du moins, la consolation de poser en grand personnage chez soi, et le plaisir d'user sa vie en questions de préséances avec les officiers municipaux, d'autant plus jaloux de leurs droits honorifiques qu'ils en avaient peu d'utiles et de réels.

Toutefois, le tableau dressé par Coullault de Berry est des plus intéressants au point de vue local. Après avoir donné des détails assez circonstanciés sur la création et la suppression des diverses charges composant le bailliage d'Auxerre, il fournit une généalogie très sûre des anciennes familles de robe du pays. On y voit apparaître leurs femmes ; car, presque tous, voués à une vie obscure et à d'inévitables mesquineries, se créaient, vaille que vaille, un intérieur. Ils prenaient des épouses soit chez leurs collègues, soit chez les riches commerçants ou banquiers de leur résidence, ou de Paris. Coullault va même, dans la plupart des cas, jusqu'à indiquer le lieu de leur sépulture.

Ces honorables magistrats affectionnaient, pour y dormir leur dernier sommeil, les églises de Notre-Dame-la-d'Hors, de Saint-Regnobert, de Saint-Mamert, de Saint-Pierre-en-Château, de Saint-Eusèbe et de Saint-Pierre-en-Vallée. Plusieurs d'entre elles ont disparu durant la tourmente révolutionnaire. Que sont devenues les cendres dont elles avaient la garde ? Je n'ai pu découvrir, jusqu'à présent, qu'un cas où il en soit fait mention. C'est en 1791 ; un membre de l'ancien bailliage demande à faire enlever de la chapelle des Cordeliers les ossements de ses ancêtres. Cette faveur lui est immédiatement accordée.

L'histoire de l'établissement du bailliage et de la réunion du comté d'Auxerre à la couronne ayant été faite par M. Chardon, dans son *Histoire d'Auxerre*, et par M. Challe, dans son *Histoire de l'Auxerrois*, il n'y a pas à y revenir. Je dirai seulement quelques mots de deux travaux sur le même sujet, publiés dans l'*Annuaire de l'Yonne*, (années 1839 et 1840), et qui ont pour auteurs, l'ancien président de la Société des Sciences et M. Lechat, autrefois chef de division à la préfecture. Tous deux traitent de minces conflits surgis entre les présidiaux et les officiers municipaux, à propos de leurs privilèges honorifiques. Dans le premier, M. Challe donne, à la date de 1783, quelques renseignements sur la situation du bailliage d'Auxerre, et sur ses griefs qu'il exposait au roi.

En voici le résumé : Ce bailliage, d'où dépendaient quatre cent trente justices seigneuriales, s'étendait sur tout l'ancien diocèse d'Auxerre. Il était, en même temps, un des trente-deux sièges présidiaux du royaume, c'est-à-dire qu'il avait le pouvoir, sauf quelques exceptions particulières, de connaître de toutes les matières criminelles, et de juger les procès civils en dernier ressort, jusqu'à concurrence de deux mille francs. Son personnel se composait : d'un grand bailli, charge purement honorifique ; d'un lieutenant général ou président, d'un lieutenant général d'épée, charge honorifique; d'un lieu-

tenant criminel, d'un lieutenant particulier, d'un assesseur criminel, d'un chevalier d'honneur, charge honorifique ; de dix-sept conseillers, d'un procureur du roi, et
de deux avocats du roi. Mais, dans le siècle dernier, il
était rare que ces charges fussent toutes remplies. Presque
constamment il y en avait de vacantes, faute d'acheteurs.
Vers 1783, ce corps constitué était dans une situation
lamentable, s'il faut en croire la supplique qu'il adressait
alors au garde des sceaux.

« Les présidiaux sont sur le penchant de leur ruine,
« et l'éloignement universel que l'on témoigne pour les
« charges, annonce assez que leur exercice est malheu-
« reusement sans honneur et sans intérêt. » Et quelques
mois plus tard, il ajoutait : « Ils sont, pour la plupart,
« incomplets, et quelques-uns presque déserts. La con-
« sidération publique paraît s'en être éloignée, depuis
« que les peuples ont remarqué que le canal des grâces
« ne se tournait jamais sur les magistrats qui les rem-
« plissent. Les charges tombent de jour en jour en dis-
« crédit, et les citoyens craignent de remplir un état
« sans encouragement. » 1789 devait mettre d'accord la
cour et ses bailliages. Mais ce curieux extrait ne sert pas
moins à démontrer que la révolution a détruit des insti-
tutions depuis longtemps bien malades. C'est ce qui
explique la facilité merveilleuse avec laquelle elle s'est
accomplie.

Il convient, maintenant, de donner quelques explica-
tions sur la valeur et la signification des titres de baillis,
présidents, lieutenants généraux et autres désignations
d'offices, qui reviennent à chaque instant dans la liste de
Coullault de Berry.

Les baillis royaux sont d'origine fort ancienne. Ils furent d'abord au nombre de quatre, savoir : ceux de Ver-
mandois, de Sens, de Mâcon et de Saint-Pierre-le-Mous-
tiers. C'étaient les véritables successeurs des *Missi Domi-
nici Carolingiens*. Leurs principales attributions, qui
étaient alors fort nombreuses, consistaient à examiner de
quelle façon les grands vassaux de la couronne rendaient la justice dans leurs fiefs, pour réprimer les abus
d'autorité. Ils jugeaient les causes des Bourgeois du
roi, et conduisaient à la guerre les milices communales,

convoquaient le ban et l'arrière-ban. Ils recevaient aussi les finances du roi, dont ils rendaient compte. Ce cumul d'obligations produisit de mauvais résultats. Aussi on ne tarda pas à ôter aux Baillis les finances. Puis, on leur permit de prendre un lieutenant. Ce lieutenant dépendit d'abord d'eux entièrement. Ils le choisissaient et le révoquaient à leur gré. Louis XII ordonna qu'à l'avenir les baillis seraient gradués, sinon qu'ils ne pourraient exercer leur office en personne, et qu'ils n'auraient plus de voix délibérative. Sous Charles VIII, on leur ôta entièrement l'exercice de la justice qui fut confié à leurs lieutenants, qu'ils perdirent la faculté de destituer par l'art. 46 de l'édit de 1496, et François Ier les priva de la faculté de les nommer, lorsqu'il établit la vénalité des offices.

Cette dernière mesure et d'autres encore rendirent la situation de Bailli absolument honorifique. En effet, sauf en Provence, il n'avait pas voix délibérative. Le ban et l'arrière-ban n'étant plus convoqués, son commandement militaire devint purement illusoire; pourtant, il devait être gentilhomme de nom et d'armes. Il pouvait siéger à toutes les séances en habit court, en bottes, et l'épée au côté. Mais il ne participait point aux épices. Lorsqu'il se présentait, les huissiers étaient tenus de l'aller prendre au bas de l'escalier intérieur, et de le reconduire à la sortie jusqu'au même endroit. Quand il assistait aux séances du bailliage, les procureurs et les avocats devaient lui adresser la parole au singulier. Et lorsqu'il s'agissait de prononcer sur une demande, le lieutenant-général, qui portait aussi parfois aussi le nom de président, ou tout autre principal officier, portant la parole, devait user de cette formule : M. le Bailli dit et ordonne. Dans certaines petites villes, jusqu'au commencement de la Révolution, dans les cérémonies publiques, on portait encore à bras d'homme le bailli dans une litière surmontée d'un dais.

Dès l'origine, les baillis, qui étaient avant tout hommes de guerre, se choisissaient dans les villes où ils étaient, soit temporairement, soit à demeure fixe, des conseillers pour les affaires de justice. Ils étaient plus généralement triés parmi les hommes de loi du pays. Ils furent d'abord purement et simplement amovibles et bénévoles.

Mais dès le tout commencement du xive siècle, le roi Philippe-le-Bel commença à les nommer, ce qui changea totalement leur situation. Peu nombreux à l'origine, ils ne purent avec le temps suffire aux affaires toujours plus fréquentes qui se présentaient aux juridictions royales. Aussi dès 1551, Henri II ajouta aux bailliages royaux des conseillers ou juges supplémentaires, nommés *présidiaux*, *de præsidium, secours*, parce qu'ils devaient soulager tout à la fois les plaideurs dont les affaires n'étaient pas jugées, et leurs collègues qui en étaient accablés. Ils avaient le privilège de siéger en robe rouge. Quant aux conseillers clercs, c'étaient en général des prêtres chargés de rapporter et d'opiner dans les procès où il était question de matières ecclésiastiques.

Les charges des lieutenants-généraux civils, criminels et particuliers sont des démembrements de l'office du bailli, et leur compétence s'entend facilement. Les lieutenants particuliers présidaient en l'absence du lieutenant-général. Ils furent pendant assez longtemps assesseurs au civil et au criminel, où ils étaient parfois suppléés eux-mêmes par des lieutenants assesseurs. Je ne dirai rien des magistrats de parquet, les procureurs et les avocats du roi dont les fonctions étaient les mêmes qu'aujourd'hui. Quant aux lieutenants-généraux d'épée et aux chevaliers d'honneur, leur charge n'était que honorifique. Le premier suppléait le bailli dans le commandement du ban et de l'arrière-ban, et quand il assistait aux séances, on lui rendait les mêmes honneurs qu'à ce magistrat suprême. Les chevaliers d'honneur étaient des officiers de judicature, portant l'épée, ayant rang aux séances et voix délibérative. Ils furent créés par des raisons fiscales sous Louis XIV, et furent supprimés en 1755. Ils avaient rang avant les simples conseillers, mais n'opinaient au criminel qu'après avoir pris leurs grades. On leur donnait 400 livres de gages, mais ils n'avaient point part aux épices. D'abord destinée aux seuls gentilshommes, cette dignité fut ensuite conférée, moyennant finances, à la haute bourgeoisie, la noblesse ayant montré peu d'empressement à l'acheter.

Fr. Molard.

GRANDS BAILLIS

1561. — COURTENAY François, seigneur de Bléneau.

1567. — DEMILLEAUX Louis.

1570. — DE PRIE Edme, baron de Toucy.

1572. — DES URSINS Christophe.

1578. — DEMILLEAUX Louis.

1589. — DELAMOTHE Laubépine.

1594. — DE DAMAS Jean, seigneur de Villiers.

1598. — DE CLERMONT Charles-Henri, comte de Tonnerre.

1604. — DE LA RIVIERRE Hubert, baron de la Rivière.

1623. — DE REGNIER Jacques, vicomte d'Aulnay.

1618. — DE LA RIVIERRE Jacques, baron de Couloutre.
On n'a pas pu découvrir jusqu'alors si ces onze baillis ont été mariés, ni quelles ont été leurs femmes.

1627. — CAMUS Pierre, dit Pontalier, général de Bourgogne. — Décédé le 27 juillet 1642. Il avait épousé Detournay Germaine, qui est décédée le 2 mai 1654, suivant l'extrait mortuaire de la paroisse Saint-Loup.

1643. — FILSJEAN Georges.

1658. — DE LA RIVIERRE Charles, baron de Quincy.

1675. — DE LA RIVIERRE André, un des députés pour l'union du comté d'Auxerre au duché de Bourgogne.
On n'a pu découvrir encore si ces trois derniers ont été mariés.

1693. — COIGNET DE LA THUILLERIE Pierre-Paul, comte de Courson. — Il a été reçu le 1er avril 1693 ; il est décédé en 1728 ; inhumé le 24 mai au lieu de Courson.
Il a eu pour femme : Nigot Germaine, sœur de Jacques Nigot, président à la Chambre des Comptes de Paris, seigneur de Saint-Sauveur, et de Zacharie Nigot, conseiller au Parlement, commissaire aux requêtes, sœur aînée de Madame la lieutenante générale d'Auxerre.

1731. — COIGNET DE LA THUILLERIE Henri-Jacques, chevalier, comte de Courson. — Il a succédé audit Pierre-Paul, son père ; a été installé le 31 novembre 1731. Mort à Paris au mois de mai 1745.
Colbert de Villacerf, sa femme.

1748. — COIGNET DE LA THUILLERIE Henry-Pierre-Gilbert, comte de Courson. — Il a succédé audit Henry-Jacques, son père ; a été installé au bailliage le 19 mars 1748. Son brevet est de 1745 ; lettres de surannation de février 1748 ; il est major du régiment de Bretagne cavalerie et chevalier de Saint-Louis. Décédé en 1757, le 16 novembre, à Vianou-sur-Baranjon, dans le Berry.
Il eut pour épouse : Fayard de Champagneux Margueritte, fille du receveur général Laurent Fayard à Grenoble, et de dame Gabrielle Berget, dame de Borderel au Berry.

1758. — Guyot Antoine-Léonard, marquis, seigneur de Saint-Amand. Il a succédé à Henry-Pierre-Gilbert. Ses provisions sont du 16 juillet 1758 ; réception à la grande Chambre du Parlement du 29 juillet audit an ; installation au bailliage du 11 août audit an ; il est gentilhomme ordinaire chez le roi, lieutenant du roi pour le Chalonois. Il est né le 16 janvier 1732, à Paris.

1772. — Marie Davigneau Thomas-André. — Il a succédé à Antoine-Léonard Guyot par acte de résignation. Ledit sieur Davigneau est président, lieutenant-général audit siège du bailliage et présidial. Mort le 12 janvier 1765, inhumé à Saint-Etienne.

Jeanne-Marie Charpentier de la Barre, sa femme.

1772. — L'Enfernat d'Averoles, installé en 1772, pendant la suppression du bailliage ; et au rétablissement dudit bailliage, pour éviter les contestations qui auraient pu naître, il fit des visites à messieurs du bailliage et vint siéger en son habit de réception en 1776.

Jeanne-Marie Charpentier de la Barre, veuve du sieur Marie Davigneau Thomas-André, sa femme.

1782. — Marie Davigneau François. — Il a succédé à François L'Enfernat d'Averoles, sur la démission dudit bailli. Ses provisions sont du 18 décembre 1782 ; réception au Parlement du 23 décembre 1782 ; son installation du 14 janvier 1783, tant en la chambre du conseil qu'à l'audience. — Né le 8 mars 1756, capitaine de dragons au régiment de Comté. — Fils de Thomas-André Davigneau, qui a possédé cet office avec celui de lieutenant-général ; frère d'André-Thomas-Alexandre-Marie Davigneau, lieutenant-général.

PRÉSIDENTS ANCIENS

Création de 1557, par Henri Second, aux gages de 600 livres, réduits à 300 livres.

1561. — Le Brioys Pierre. — Suivant le procès-verbal de la coutume, il était aussi lieutenant-général. Il mourut le 10 mars 1562 ; fut inhumé aux Cordeliers, dans la chapelle de la Passion, auprès de son père, Philippe Le Brioys, baillif du chapitre.

Il eut pour épouse Des Bordes Catherine. Elle mourut le 18 juin 1562, fut inhumée dans le chœur des Cordeliers, sur la tombe de ses ancêtres.

1573-1585. — Bargedé Nicolas. — Hobelin Marie, sa femme.

1594-1605. — Demasangarde Philbert. — En novembre 1552, il y avait un de Masangarde avocat fiscal et procureur général du duc de Nivernais et Donziois.

Himbert Mathieu, sa femme.

1610. — Foudriat Olivier, fils d'Olivier, lieutenant particulier, et d'Edmée Leprince ; il est mort en 1619.

Il eut pour femme : Leclerc Marthe, petite-fille de Germain, lieutenant-général, et fille de Germain, lieutenant criminel, et de Germaine Colinet.

1620. — LECLERC Philippe, sieur du Château du Bois et d'Olon. — Il a succédé audit Olivier Foudriat, suivant sa provision du 23 avril 1620 ; réception au Parlement du 23 mai et installation au présidial du 2 juin 1620. Ledit sieur Leclerc avait été procureur au présidial de Saint-Pierre-le-Moustier ; il s'est maintenu dans la noblesse de ses ancêtres par sentence des élus d'Auxerre du 7 janvier 1643. Il était père de Jacques Leclerc, conseiller au Parlement, qui de Marguerite Rousseau a eu entre autres enfants, Bonaventure, sieur du Château, gentilhomme ordinaire de la maison du Roy, et Magdelaine, aïeule de Madame la duchesse de Noailles, vivante le 5 septembre 1727.

Il eut pour femme Gascoin Claude.

1664. — BILLARD Claude. — Il a succédé audit Leclerc suivant ses provisions du 12 juillet 1664. Réception au Parlement le 8 août, installation au présidial le 23 novembre audit an. Il était fils de Claude Billard, avocat plaidant à Auxerre, et de Marie Cochon, et frère de Germain, avocat au Parlement, y plaidant, qui était beau-père de Messieurs Bignon et Chauvelin, conseillers d'Etat ; le fils puîné de ce dernier est garde des sceaux, et a été ministre des affaires étrangères depuis le 7 août 1727 jusqu'en 1737 ; il est décédé à Dijon en 1694, étant élu des Etats de Bourgogne comme maire d'Auxerre.

N'a point été marié.

1697. — BRIAND DE FORTBOIS Claude. — 1697 jusqu'en 1719, qu'il s'est démis en faveur de François, son fils, ci-après, et a obtenu des lettres de vétérance, enregistrées au Parlement au mois d'août 1719. Ledit Claude a succédé audit Billard, son oncle maternel, suivant ses provisions du 16 mars 1696 ; réception au Parlement du 25 février 1697, et installation au présidial du 9 mars 1697. Il est fils de François Briand, élu en l'élection de Gien, et de Catherine Billard ; il est mort le 3 juillet 1741, âgé de 79 ans, 6 mois, 12 jours, inhumé à Saint-Mamert.

Il eut pour femme : Martineau Anne-Edmée, fille de Jacques Martineau, président en l'élection lors de la suppression de cette justice, et après conseiller honoraire sur le fait des aydes, et de Marie Pirretouy, sa première femme, ladite Anne-Edmée décédée le 19 septembre 1743, âgée de 81 ans 6 mois et 29 jours.

1719. — BRIAND DE FORTBOIS François. — Il a succédé audit Claude, son père, suivant ses provisions du 28 juin ; réception au Parlement des 26 et 27 juillet, et installation au présidial des 5 et 6 septembre 1719. Le sieur Briand a eu des lettres de vétérance en l'année 1752, enregistrées au bailliage et présidial le 21 juin 1758. Il est décédé le 12 décembre 1758, âgé de 66 ans ; inhumé à Saint-Mamert.

Sa femme fut : Leclerc Anne-Jeanne, fille de M. Toussaint Leclerc, greffier de l'élection d'Auxerre, et de Marie-Anne Hay, sa première femme ; ladite Anne-Jeanne est décédée le 14 octobre 1734, âgée de 66 ans ; inhumée à Saint-Mamert.

1753. — BRIAND DE FORTBOIS François-Pierre-Charles. — Sa Majesté Louis XV a accordé à M. François Briand de Fortbois, pour les services qu'il lui a rendus dans la charge de président, la permission de rester en place pendant trois années consécutives avec tous les droits, honneurs, gages, prérogatives, à compter du jour de la réception dudit sieur François-Pierre-Charles, son fils, en sa cour du Parlement, même en cas de décès dudit sieur François-Pierre-Charles avant l'expiration desdites trois années ; ledit seigneur roy veut qu'il continue l'exercice de ladite charge sans qu'il ait besoin de nouvelles provisions ni qu'il soit reçu à un nouveau serment, à condition que le sieur François-Pierre-Charles n'aura, pendant lesdites trois années, voix délibérative ni présidence. Ledit sieur François-Pierre-Charles Briand de Fortbois est né le 29 avril 1726. La retenue dudit sieur son père est du 30 may 1753 ; les provisions dudit de Fortbois fils du 4 juin 1753 ; sa réception au Parlement du 10 may 1755 ; son installation à la chambre du conseil du 3 juin, et à l'audience du 4 dudit mois 1755. Décédé le 9 janvier 1777, à Saint-Amatre.

Ledit sieur François-Pierre-Charles Briand de Fortbois a obtenu un arrêt du Conseil du 20 décembre 1763, qui réunit ladite charge de président à celle de lieutenant criminel pour ne faire qu'un même corps de charge, ensuite des lettres-patentes du 30 décembre, enregistrées au Parlement le 1er février 1764, et au bailliage civil le 10 février 1764.

Par édit du mois d'août 1764, le titre de président a été supprimé et réuni à l'office de lieutenant criminel.

Il eut pour femme Choppin Françoise-Catherine, fille du sieur Choppin, avocat, et de dame Henry.

PRÉSIDENTS

Créés en 1635 aux gages de 500 livres.

Lesdites charges de présidents ont été réunies à celles de lieutenant-genéral.

Nota.— Que lesdits présidents, quoique moins anciens de création, ont le pas sur les précédents, s'ils sont plus anciens de réception.

1635. — RICHER Jean. — Née Marie, sa femme.

1650. — LECLERC Edme, sieur des Barres. — Il était fils de Claude-Edme et de Perrette Fernier. — Il a fondé un salut en l'église cathédrale le 16 novembre, auquel Messieurs du présidial assistent et prennent rang après Messieurs les chanoines, et ont même honoraire que Messieurs les chanoines, qui leur est payé par le distributeur du chapitre. — Mort garçon en 1694.

1695. — Marie ANDRÉ, sieur d'Avigneau. — Voyez aux lieutenants-généraux ci-après. — Ledit sieur est décédé en 1710.

Rolland Marie, sa première femme. Elle n'a point eu d'enfants ; elle était de Reims.

Nigot Marguerite, deuxième femme. — Voyez aux lieutenants-généraux.

1715. — MARIE Jacques-Edme, sieur de Ruère. — Il est décédé au mois d'octobre 1741 ; inhumé à Saint-Etienne.

Il avait épousé Friand Françoise. (Voyez aux lieutenants-généraux).

1746. — MARIE Thomas-André. — Il a succédé audit Jacques-

Edme, son père, suivant ses provisions du 6 août, acte de réception du 29 dudit mois ; installation 15 et 16 novembre 1746. Il a eu dispense d'âge et de la prononciation à 25 ans. — Décédé le 12 février 1765. — Par édit du mois d'août 1764, le titre de président a été éteint et supprimé, et l'office réuni à la charge de lieutenant-général. Registré au Parlement le 21 août audit an.

Jeanne-Marie Charpentier de la Barre, sa femme.

LIEUTENANTS-GÉNÉRAUX

depuis 1561.

1561. — Le Briois Pierre. — Suivant le procès-verbal de la coutume, il était aussi président de la création de 1557.

Desbordes Catherine, sa femme.

1563. — Chalmeaux Jacques. — Il avait été prévôt d'Auxerre après la mort du sieur Chalmeaux, qui arriva en 1568. Un Jean Beauchard, sieur de Champigny, maître des requêtes ordinaire du roy, fut commis par le roy Charles IX à l'exercice de la justice d'Auxerre, ce qui dura seulement jusqu'en 1569.

Vautheron Catherine, sa femme.

1569. — Leclerc Germain. — Jusqu'en 1586. — Il fut reçu en 1569, avant le 5 avril suivant qu'il est porté par un extrait baptistaire dudit jour de la paroisse de Saint-Regnobert. Il était fils d'Henry, procureur au bailliage d'Auxerre.

Fauleau Marthe, sa femme.

1586. — Leclerc Henry. — Jusqu'en 1613, il a été procureur du roy. Il était neveu du sieur Germain Leclerc, auquel il a succédé, suivant ses provisions du 10 décembre 1586, réception au Parlement du 22 décembre suivant, et installation des 1er et 22 novembre 1587. — Il était fils de Pierre Leclerc, procureur et notaire au bailliage d'Auxerre, et de Christine Fauleau.

Vincent Claude, sa femme.

1613. — Chevalier Claude. — Jusqu'en 1639. — Il avait été lieutenant en la prévôté, et il était gendre dudit Henry Leclerc, auquel il a succédé, suivant ses provisions du 24 juillet 1613 ; réception au Parlement du 16 mars 1614, et installation au bailliage des 30 mars et 1er avril audit an.

Il eut pour première femme : Leclerc Germaine, fille dudit Henry Leclerc, morte le 1er avril 1632, et pour deuxième femme Jonnier Jeanne.

1639. — Girardin Claude, jusqu'en 1652. — Il avait été prévost d'Auxerre. Il était aussi gendre du sieur Henry Leclerc et a succédé à son beau-frère Claude Chevalier, suivant ses provisions du 19 septembre 1639.

Leclerc Germaine, sœur de l'épouse du sieur Chevalier, sa femme.

1653. — Marie Thomas, sieur d'Avigneau, jusqu'en 1684, qu'il s'est démis en faveur de son fils André, ci-après. Il mourut en 1690. Il avait été lieutenant assesseur, et était fils du sieur Jean-Marie, élu ;

il succéda audit sieur Girardin, ayant acheté la charge de lieutenant-général, lors de son second mariage, dont il obtint des provisions en 1652; fut reçu au Parlement en ladite année, et installé le 19 janvier 1653.

Il eut pour première femme : Foudriat Marthe, fille du sieur Foudriat, président, veuve de sieur Nicolas Seurrat, assesseur, père du conseiller.

Et pour deuxième femme : Gorget Edmée-Geneviève.

1684. — MARIE André, sieur d'Avigneau, jusqu'en 1710, année où il est mort. — Il est fils du sieur Thomas André, auquel il a succédé suivant ses provisions du 1er avril 1684, et installation du mois de juin 1686, il était aussi président. Inhumé à Saint-Etienne.

Sa première femme fut : Rolland Marie, dont il n'eut point d'enfants.

Sa seconde femme : Nigot Margueritte, sœur de Germaine, épouse de M. Pierre-Paul Coignet de la Thuillerie, de Courson, grand baillif d'Auxerre; elle est décédée le 1er septembre 1737, âgée de 74 ans et inhumée à Saint-Etienne.

1715. — MARIE Jacques-Edme, sieur de Ruères. — Fils du sieur André, auquel il a succédé suivant ses provisions du 29 juin 1715; il était aussi président; mort au mois d'octobre 1741, inhumé à Saint-Etienne.

Sa femme : Friand Françoise, fille du sieur Friand et dame Antoine de Vézelay; elle est morte à Paris le 11 septembre 1746, et inhumée à Saint-Paul.

1746. — MARIE Thomas-André. — Il est aussi président. (Voir l'article des présidents). Marié le 22 janvier 1753, il est décédé le 12 février 1765, inhumé à Saint-Etienne.

Sa femme : Charpentier de la Barre Janne-Marie, fille dudit sieur Charpentier de la Barre, seigneur de Fourronne, y demeurant, chevalier de l'ordre militaire de Saint-Louis.

1765. — BOUCHER Jean-Baptiste-Thomas, sieur de la Rupelle. — Ledit sieur Boucher, ci-devant lieutenant particulier, a succédé à M. Thomas-André Marie d'Avigneau; ses provisions sont du mois de mai 1765, ainsi que sa réception au Parlement; son installation au bailliage du 7 et 8 audit an de juin. Suivant un traité fait avec M. d'Avigneau, il doit remettre cette charge lorsqu'un M. d'Avigneau aura atteint l'âge d'y être pourvu.

Raffin Anne, sa femme.

1777. — MARIE D'AVIGNEAU André-Thomas-Alexandre. — Fils du sieur Thomas-André Marie, sieur d'Avigneau. Ses provisions sont du 15 janvier 1777; ses lettres de dispense d'âge du même jour; sa réception au Parlement du 10 mars 1777; du même jour, arrêt du Parlement qui lui donne l'exercice des fonctions de son office à l'hôtel, sans pouvoir y rendre des ordonnances. Il est né le 18 février 1755. Installé au bailliage le 22 mars 1777 extraordinairement.

SUITE DES LIEUTENANTS CRIMINELS

Depuis 1561, temps de la rédaction de la Coutume.

1561. — DELAFONTAINE François.
Boucher Perrette, sa femme.

1582. — DUBROC Guillaume.
Delafontaine Françoise, fille du susdit, sa femme.

1587. — LECLERC Germain. — Il était fils du lieutenant-général.
(Voyez l'article des lieutenants-généraux.)
Collinet Germaine, sa femme.

1609. — LECLERC Germain. — Il était fils du précédent, auquel
il a succédé, suivant ses provisions du 12 décembre 1609 et installation du 11 juin 1612. Il a été grand gruyer, grand maître enquêteur
et général réformateur des Eaux et Forêts de Bourgogne, depuis
conseiller d'État, intendant des finances de Sa Majesté.
Cerveau Nicole, sa femme.

1620. — TRIBOLÉ Nicolas, sieur de Perrigny. — Il était fils de
Nicolas, avocat, et de Germaine Fouleau ; il était substitut de M. le
procureur général du Parlement de Paris le 20 novembre 1616, et
maître des requêtes de la reine-mère le 3 avril 1644. Ses provisions
sont du 16 avril 1620, et installation du 17 juillet dudit an. .
Perret Jeanne, sa première femme, le 29 mars 1629 ; Lelièvre
Charlotte, sa deuxième femme, le 4 septembre 1634.

1657. — TRIBOLÉ Nicolas. — Il était fils du précédent, auquel il
a succédé, suivant ses provisions du 18 février, acte de réception
du 11 avril dudit an 1657.
De Villiers Françoise, son épouse ; elle était de Coulanges-sur-
Yonne.

1679. — RICHER Nicolas. — Il a succédé audit Tribolé par résignation, suivant ses provisions du 25 août 1679, et réception du
15 décembre dudit an, décédé en 1696, inhumé aux Jacobins.
Mullot Philberte, sa femme ; elle était de Noyers, décédée en 17...

1697. — RICHER Claude, seigneur de Lucy-le-Bois. — Il est fils
dudit Nicolas, auquel il a succédé, suivant ses provisions du
25 avril 1697, réception au Parlement du 15 juin, et installation du
20 juillet dudit an ; il s'est démis en 1733 au profit de son fils, après
avoir obtenu des lettres d'honneur : il s'est annobli en 1738 par une
charge de secrétaire du roi près le Parlement de Bezançon. Il est
décédé le 30 octobre 1756, inhumé en l'église des pères Jacobins.
Sa femme était Deschamps Anne, fille de Prix Deschamps, receveur des tailles, et de Louise Lemuet. Ladite Anne décédée le......
1740.

1733. — RICHER Prix, sieur de Lucy. — Fils dudit Claude, auquel il a succédé, suivant ses provisions du 21 décembre 1731,
réception au Parlement du 5 mars 1733, et installation le 14 avril
1733. Ledit sieur Prix Richer est décédé le 11 juillet 1763, inhumé
en l'église des pères Jacobins. Il n'a laissé aucun enfant.

Sa première femme : Barce de Vaubertin Nicole, fille du sieur Barce, receveur des tailles de Vézelay, et de dame Cosson. Ladite Nicole décédée en septembre 1734, inhumée aux R. P. Jacobins, sépulture des Richer. Deuxième femme en 1759 : Liger Mastie, veuve en premières noces du sieur Thierriat, fils du sieur Thierriat, avocat.

1764. — BRIAND-DEFORTBOIS François-Pierre-Charles. — Fils de François, président. Il a réuni, par un arrêt du Conseil du 20 décembre 1763, la charge de président à celle de lieutenant criminel qu'il a levée aux parties casuelles pour 3,000 livres. Le monarque lui a octroyé des lettres patentes le 31 décembre 1763, qui ont été enregistrées au Parlement le I" février 1764, et au bailliage civil le 10 février 1764.

Choppin Françoise-Catherine, sa femme, fille du sieur Choppin, avocat, et de dame Henry.

1780. — MARTINEAU, sieur Deschesnez Edme-Pierre-Alexandre-Claude. — Il a succédé à François-Pierre-Charles Briand-Defortbois, suivant ses provisions du 23 février 1780, et réception au Parlement du 29 février 1780, son installation à la Chambre du Conseil du 14, à l'audience le 15 mars dudit an. Il a exercé avant la charge d'avocat du roi.

Godot Marie-Edmée-Marguerite, sa femme, née le 22 juin 1748, décédée le 7 mars 1778. — Boïscervaïse, sa femme, de Paris.

LIEUTENANTS PARTICULIERS

Depuis 1548.

1548. — LE BRIOIS Elie. — Jusqu'au 2 septembre 1563 qu'il mourut ; il était frère du président.
Bollangier Antoinette, sa femme.

1563. — FOUDRIAT Olivier. — Jusqu'en 1586.
Le Prince Edmée, sa femme, fille de François Le Prince et de Louise de Villemort.

1586. — DUVOIGNE Melchior. — Jusqu'en 1613 qu'il mourut et est enterré à Saint-Eusèbe ; il était conseiller en 1584 et lieutenant particulier en 1586.
Clopet Germaine, sa première femme ; Vernillat Anne, sa deuxième femme.

1615. — DUVOIGNE Melchior. — Jusqu'en 1642 ; il était fils du précédent, auquel il a succédé.
Eut pour femmes : Heuvrad Bénigne, Gohory Anne, Croyer Marie, troisième femme; elle était veuve en 1642.

1643. — FERNIER Etienne, sieur de Saint-Georges. — Jusqu'en 1662 qu'il est mort; il était fils de Claude, conseiller et de Germaine Berault.
N'a point été marié.

1662. — FERNIER Joachim. — Jusqu'en 1689 ; il était advocat du roi en 1642, conseiller en 1643. Depuis lieutenant particulier après la mort d'Etienne, son frère, auquel il a succédé en 1662 ; il mourut le 27 novembre 1689. Après son décès, les sieurs Leclerc et Jean Ragon prirent successivement des provisions, et n'ont point été reçus.

Il eut pour femme : Massé Charlotte, sœur du conseiller de ce nom.

1693. — BOUCHER Jean-Baptiste, sieur de la Rupelle. — Fils de Félix Boucher, prévôt d'Auxerre, il a succédé au sieur Joachim Fernier, suivant ses provisions du 7 mars 1693 et installation au bailliage du 15 mai dudit an ; il a possédé sa charge jusqu'en 1724, qu'il s'est démis en faveur de son fils ci-après. Il obtint des lettres d'honneur dont il ne s'est point servi. Il décéda en janvier 1726, inhumé aux Cordeliers.

Lemuet Jeanne, sa femme, fille du sieur André Lemuet, officier, et de Jeanne Deschamps. Ladite Jeanne Lemuet mourut en octobre 1725.

1724. — BOUCHER Jean-Baptiste-André, sieur de la Rupelle. — Fils dudit Jean-Baptiste, auquel il a succédé, suivant ses provisions du 5 janvier 1724, réception au Parlement du 8 avril, installation au bailliage du 12 juin dudit an. Ledit sieur a obtenu des lettres d'honneur le 25 février 1755. Décédé le 8 avril 1767, inhumé aux R. P. Cordeliers.

Il eut pour femme : Marie Anne-Marie, fille du sieur Marie, adjudant du roi, et de Marie Regnauldin, sa seconde femme. Décédée le 24 février 1770, inhumée aux R. P. Cordeliers.

1755. — BOUCHER Jean-Baptiste-Thomas, sieur de la Rupelle. — Fils dudit sieur Jean-Baptiste-André, auquel il a succédé, suivant sa procuration *ad resignandum*, ses provisions du 13 décembre 1754, dispenses de parenté du 3 du susdit mois, réception au Parlement du 31 décembre 1754, et installation au bailliage du 14 et 15 janvier 1755. Ledit sieur âgé de 29 ans et 4 mois, étant né le 19 septembre 1725.

Raffin Anne, sa femme, fille du sieur Philippe Raffin, adjudant au Parlement, et de demoiselle Anne Colinet.

1768. — HOUSSET DE CHAMPTON Claude-François-Marie. — Il a succédé au sieur Jean-Baptiste-Thomas de la Rupelle, sur sa procuration *ad resignandum*. La dispense pour *prononcer* à 27 ans est du 31 janvier 1767, ses provisions du 3 février 1768, réception au Parlement du 14 mars 1768, installation au bailliage le 22 mars, à l'audience du président le 23 dudit mois et an ; supprimé par édit de juin 1771, réuni à l'office de lieutenant particulier criminel, rétabli par édit de 1776. Né le 8 novembre 1742, fils de François Housset et de dame Bernard, d'Auxerre.

Baudesson Marie, sa femme, fille du sieur Baudesson, maire de la ville, et de dame Marie Duché, mariés le 19 septembre 1768.

LIEUTENANTS ASSESSEURS
Depuis leur création en 1586.

1600. — SEURRAT Germain. — Jusqu'en 1622 ; il était conseiller en 1585, 1595, et assesseur le 16 décembre 1600 et 15 mars 1622.

Il eut pour épouse : Tribolé Edmée, fille de Nicolas Tribolé, avocat, et de Germaine Fouleau, sœur de Nicolas, premier du nom, lieutenant criminel.

1623. — SEURRAT Nicolas. — Fils dudit Germain, auquel il succéda en 1623 ou 1624.

Il eut pour épouse : Foudriat Marthe, fille du président ; elle épousa en secondes noces M. Thomas Marie, qui se fit pourvoir de la charge d'assesseur.

1640. — MARIE Thomas. — Il a été aussi lieutenant-général. (Voyez l'article des lieutenants-généraux.)

Foudriat Marthe, sa première femme ; Gorget Edmée-Geneviève, sa deuxième femme. (Article des lieutenants-généraux.)

1652. — BARGEDÉ Charles-Henri. — Ledit Bargedé obtint des provisions sur la démission dudit sieur Marie, le 7 octobre 1652 ; fut reçu au Parlement et installé au bailliage l'année suivante.

Lauverjat Marie, sa deuxième femme.

1674. — GENTIL Louis. — Il a succédé audit sieur Bargedé, suivant ses provisions du 4 juin 1674, réception d'installation audit an ; il a possédé sa charge jusqu'en 1694 qu'il est décédé, et M. Potherat, son gendre, obtint des provisions le 10 juillet 1701 et n'y fut pas reçu ; il vendit ladite charge au ci-après nommé.

Il eut pour épouse : Nigot Madeleine, sœur aînée de Germaine et Marguerite Nigot, épouses de M. de Courson, grand bailli, et Marie Davigneau, lieutenant général, décédée en février 1737, âgée de 79 ans et inhumée à Saint-Pierre.

1711. — BILLETOU Pierre. — Fils de M. Pierre Billetou, docteur en médecine ; il a été pourvu de ladite charge le 6 avril 1711 ; reçu au Parlement, installé au présidial les 16 et 17 juin dudit an. Il est décédé le 31 août 1739, âgé de 60 ans ou environ ; il a possédé sa charge jusqu'en 1732 qu'il la vendit au sieur François Potherat, fils dudit Edme, et obtint des lettres d'honneur. L'acte d'enregistrement est du 19 novembre 1733. Décédé le 31 août 1739.

Briand de Fortbois Marie-Anne, sa femme, fille de Claude, président, et sœur de François, actuellement président. Décédée le 26 octobre 1770, inhumée à Saint-Eusèbe.

1732. — POTHERAT François, sieur De Pressurot. — Fils dudit Edme Potherat, avocat, et de Jeanne-Germaine Gentil, fille dudit Louis ; il a obtenu des provisions de cette charge le 15 février 1732, reçu au Parlement le 11 mars, et a été installé au présidial le 23 avril dudit an ; il est né en 1704. Ayant résigné sadite charge à M° Toussaint-Thomas Thierriat, de la Maison-Blanche, il a obtenu des lettres de vétérance le 28 mai 1755, enregistrées au Parlement le 16 juin, publiées au présidial et enregistrées le 27 août dudit an. Ledit François Depressurot est décédé le 19 septembre 1768, inhumé à Saint-Pierre-en-Vallée.

Née de Dureville Marie-Anne, sa femme, fille de M° François Née de Dureville, avocat à Clamecy, et de demoiselle Despatis, sœur du conseiller de ce nom.

1755. — THIERRIAT Toussaint-Thomas, écuyer, sieur de la Maison-

Blanche. — Fils de Thomas Thierriat, procureur du roi, lors de la suppression de la prévôté, et de dame Edmée Robinet-Depontagny ; il a succédé audit sieur François Potherat-Depressurot, par résignation du 2 janvier 1755. Ses provisions sont du 5 mars 1755 ; réception au Parlement du 20 dudit mois ; installation en la Chambre du Conseil le 8 avril, et à l'audience du présidial le 9 dudit mois ; il est né le 24 juillet 1734. Par édit du mois d'août 1764, déclaration du 11 juillet 1765, les fonctions dudit sieur Thierriat sont bornées à la connaissance et instruction des seules affaires criminelles, ayant seulement voix au civil. Par édit du mois de juin 1771, enregistré au nouveau Parlement, l'office de lieutenant particulier civil a été réuni à l'office de lieutenant criminel, et par édit du mois d'août 1776, l'office a été borné aux affaires criminelles seulement.

Germain de Coulanges-sur-Yonne, sœur des dames Villetard de Prunieres et Raffin Charmoy, conseillières, femme du sieur Thierriat.

CHEVALIERS D'HONNEUR

Depuis leur création par édit du mois d'août 1691.

Nota. — Le chevalier d'honneur, par son édit, a le pas sur tous les conseillers, même le prévôt royal.

1699. — Bourguier Roger, sieur de Villery. — Jusqu'en 1702 ; ses provisions sont du 19 octobre 1699 ; il a été installé au présidial le 3 décembre suivant. Il fut tué malheureusement par un de ses amis.

Houdaille Madeleine, sa femme.

1704. — Rondé Pierre-Antoine. — Il a succédé au sieur Bourguier, suivant ses provisions du 9 novembre 1704 ; a été installé audit siège le 3 décembre dudit an ; il est décédé en 1726, au mois d'octobre. Fils du sieur Antoine Rondé, secrétaire du roi du grand collège, et de demoiselle Suzanne Merus.

Il eut pour femme Villain Marie-Charlotte, fille de M. Henri Villain, advocat, et de Marie Chevalier, sœur du sieur Bonaventure Vilain de Bréande, brigadier des armées du roi en 1734, lieutenant-colonel au régiment Royal-Artillerie.

1738. — Rondé Louis. — Il a succédé audit sieur Pierre-Antoine, son père, suivant ses provisions du 16 juillet dudit an, réception et installation des 29 et 30 dudit mois et an ; il a été officier dans le régiment Royal-Artillerie. Ladite charge a été supprimée par une déclaration du roi en 1753, enregistrée au Parlement en 1755, au cas qu'elle tombe aux parties casuelles de Sa Majesté. Né le 1ᵉʳ janvier 1709, décédé le 21 mars 1769, inhumé à Saint-Eusèbe.

Il eut pour épouse : Cochois Marie-Jeanne, fille du sieur Nicolas Cochois, officier de monseigneur le duc d'Orléans, et de dame Le Bours, d'Auxerre.

1768. — Rondé Louis-Henri. — Louis Rondé, son père, lui a résigné son office ; ses provisions sont du 20 avril 1768 ; sa prestation de serment est du 15 novembre 1768 en la Chambre du Conseil du bailliage d'Auxerre, suivant son édit de création, installation à l'audience du présidial le 16 dudit mois et an. Il est capitaine au corps royal d'artillerie. Né le 20 octobre 1740.

ANCIENS AVOCATS DU ROI

1561. — Sotiveau Etienne. — Il était père du conseiller de ce nom.
Rousselet Marie, sa femme.

1572. — Girard Jean. — Voir le *Recueil des Règlements*, par maître de Chenu, page 304.
Vincent Edmée, son épouse.

1590 et 1605. — Naudet Jean.
Villon Thomase, sa première femme ; Delye Marie, sa deuxième femme.

1610. — Thibault Michel. — Il a succédé audit Naudet, son beau-père.
Naudet Marie, sa femme, fille dudit Jean Naudet.

1642. — Thibault Etienne. — Il a succédé audit Michel, son père, même de son vivant.
Piat Edmée, sa femme, fille de Pierre Piat, avocat en l'élection de Gien.

1689. — Boucher Jean. — Il a succédé audit sieur Thibault, suivant son installation au présidial du 21 février 1690.
Duvoigne Anne, sa femme.

1718. — Daveau Pierre. — Jusqu'en 1733 qu'il a vendu audit sieur Martineau Deschesnez ; il a succédé audit sieur Boucher, suivant ses provisions du 11 janvier, et réception du 26 février 1718.
Menissier, sa femme, fille de Mᵉ Menissier, avocat et bailli de Toucy.

1734. — Martineau Edme, sieur Deschesnez. — Fils du sieur Martineau Claude Deschesnez, conseiller, et de Marie-Anne Berault ; il a succédé au sieur Daveau, par résignation ; ses provisions sont du 26 novembre 1733, réception au Parlement du 19 décembre suivant, et installation au bailliage des 12, 13 janvier 1734 ; il est aussi subdélégué de monsieur l'intendant de Paris. Il est décédé le 12 décembre 1765, et inhumé en l'église des pères Cordeliers le 16 décembre dudit an.
Villetard Marie-Anne, sa femme, fille du sieur Villetard, assesseur en l'hôtel de ville et commissionnaire en vins, et de demoiselle Dabanton. Ledit Villetard a acheté, en 1755, une charge de secrétaire du petit Collège.

1768. — Martineau Edme-Pierre-Alexandre-Claude, sieur Deschesnez. — Il a succédé à Edme Martineau, son père, suivant ses provisions du 13 juillet 1768, dispenses d'âge du 13 dudit mois et an ; né le 22 juin 1748. Réception au Parlement le 21 août 1768, installation en la Chambre du Conseil le 29 août, et à l'audience le 10 dudit mois 1768 ; ensuite pourvu de l'office de lieutenant criminel en 1780, supprimé en 1771 par édit de juin, rétabli par édit d'août 1776.

Godot Marie-Edmée-Marguerite, sa femme, fille du conseiller, et de dame Germaine Jodon, mariée le 8 novembre 1774, décédée le 7 mars 1778, deuxième femme de Boiscervaise.

1780. — **Despatis de Courteille.** — Il a succédé par résignation au sieur Martineau Deschesnez, suivant ses provisions du 19 juillet 1780. Né le 15 septembre 1753, reçu au Parlement le 29 mai 1780, installation du bailliage le 29 novembre dudit an.

AVOCATS DU ROI

De la création de 1578.

Nota. — Quoique moins anciens de création que les précédents, ils ont le pas, la parole et la préséance sur ceux-ci, s'ils sont plus anciens de réception ; ils sont avocats du roi à la prévôté.

1635. — **Baltazard Christophe.** — Jusqu'en 1642. Cette charge ne fut levée par le sieur Baltazard qu'en 1629, suivant ses provisions de ladite année ; il était aussi conseiller page, conformément aux édits des mois d'août 1578 et février 1622. Il obtint des provisions le 19 novembre 1629, fut reçu en Parlement le 4 juillet 1631, et il ne fut installé en celle d'avocat du roi que le 19 novembre 1635. On n'a pas pu découvrir s'il a été marié.

1642. — **Fernier Joachim.** — Claude Fernier ayant acheté ladite charge d'avocat du roi dudit Balthazard, par contrat du 6 septembre 1639, Joachim, son fils, en obtint des provisions le 28 avril 1642, et fut reçu en Parlement le 23 août dudit an ; il a été aussi lieutenant particulier et aussi conseiller.
Massé Charlotte, sa femme.

1670. — **Faultrier Etienne.** — Jusqu'en 1680 qu'il mourut au mois de décembre ; il a succédé audit Joachim Fernier, suivant ses provisions et acte de réception des 20 avril et 28 août 1670. Après son décès, Louis de Beaugé obtint des provisions de cette charge, qui sont du 29 mars 1683 ; mais il n'y fut pas reçu.
Deschamps Anne, sa femme, fille du sieur Prix Deschamps, marchand et receveur des tailles du comté d'Auxerre, et d'Anne Dupin.

1683. — **Marie Thomas.** — Fils de Claude Marie, conseiller, président en l'élection, et de sa seconde femme, Madeleine Martineau, sœur de Nicolas, son fils aussi président en l'Election ; les provisions dudit Thomas Marie sont du 15 juin 1683, réception et installation du 26 dudit an ; il mourut le 2 février 1729.
Il eut pour femmes : Briand de Fortbois, sœur de Claude, président au Présidial ; elle mourut en 1693 ; Regnauldin Marie, sa deuxième femme, fille du sieur Regnauldin, procureur du roy en la Prévôté, et de Louise Tribolé. Ladite Marie est décédée le 28 octobre 1743, âgée de près de 83 ans.

1735. — **Marie Claude-Edme-Thomas.** — Il a succédé audit Thomas, son aïeul, suivant ses provisions du 5 avril 1735, réception au Parlement du 27 dudit mois, installation au Présidial des 15 et 16 novembre. Fils de Claude Marie, conseiller, et de demoiselle

Marie-Anne Billetou. Il a été remboursé d'une portion de finance à cause de la suppression de la Prévôté en 1749.

Robinet de la Coudre Edmée, sa femme, fille de M° Jean-Baptiste Robinet de la Coudre, doyen, et de Germaine Chrestien, sœur de Pierre Robinet de la Coudre, conseiller honoraire sur le fait des aides et tailles.

PROCUREURS DU ROI

Depuis 1561, temps de la rédaction de la Coutume.

1561. — D'Heu Claude, — Jusqu'en 1571.
Il eut pour femme : Desfriches Marie.

1571. — Le Prince François. — Jusqu'en 1576. Fils de François, receveur des décimes pour le roi, seigneur de Villeneuve-Saint-Salves, Soleines et autres lieux, et de Louise de Villemort.
Seurrat Anne, sa femme.

1576. — Leclerc Henri. — Jusqu'en 1586 qu'il fut lieutenant général.
Vincent Claude, sa femme.

1586. — Ferroul Joachim, sieur d'Egriselles. — Jusqu'en 1620.
Dechaulme Marie, sa femme.

1623. — Regnauldin Jean. — Jusqu'en 1651. Fils d'Etienne Regnauldin, lieutenant de Saint-Bris, et de Barbe Leclerc, nièce de Claude Leclerc, l'un des huit conseillers dénommés au procès-verbal de la Coutume.
Il eut pour épouse : Guitton Louise. Elle était de Donzy.

1651. — Regnauldin Etienne. — Fils dudit Jean, auquel il a succédé, suivant ses provisions du 6 août 1651 et installation du 9 novembre suivant. Il décéda le 27 janvier 1709.
Heuvrard Laurence, sa femme.

1717. — Regnauldin Laurent. — Fils de Pierre, conseiller et procureur du roi en la Prévôté, et d'Anne Laurent, sa première femme ; il a succédé audit Etienne, son aïeul, suivant ses provisions du 3 août 1717 et installation du 31 dudit mois et an ; il a résigné le 24 mars 1756 ; il n'a pas fait enregistrer ses lettres honoraires. Décédé le 4 avril 1770, inhumé à Notre-Dame-la-d'Hors ; il n'a pas été marié.

1758. — Grasset Pierre-Edme-François. — Il a succédé, par acte de résignation, au sieur Laurent Regnauldin ; il a obtenu dispense d'âge (étant né le 31 mai 1735), en date du 14 juin 1756 ; les provisions du 14 juin 1757, réception au Parlement du 14 janvier 1758, installation au Bailliage et Présidial des 21 et 22 février 1758. (Supprimé par édit de juin 1771, rétabli par édit d'août 1776.) Décédé le 19 septembre 1783, inhumé au grand cimetière.
Imbert, sa femme.

1779. — Rémond Pierre-Antoine. — Il a succédé, par résignation, au sieur Grasset. Il est né à Colomogno, le 5 juin 1752, au bailliage de Locarno ; fils d'un négociant en Suisse, naturalisé par lettres du mois d'août 1779. Il a été reçu au Parlement le 10 février 1779, installation au Bailliage présidial en mars 1779.

Housset, sa femme, fille de M. Claude-Etienne Housset, conseiller, mariée en juin 1781.

PRÉVOTS ROYAUX

Depuis l'érection du Présidial.

Nota. — Ils sont installés au Bailliage et Présidial, ont rang, préséance, tant aux audiences, Chambre du Conseil qu'en toutes assemblées et cérémonies publiques, immédiatement avant le doyen des conseillers, comme premier conseiller honoraire. Cette justice a été supprimée par édit du mois de juin 1749 et réunie au Bailliage.

1561. — Chalmeaux Jacques. — Il fut ensuite lieutenant-général.
Vauteron Christine, sa femme.

1569. — Thierrat Gilles. — Il était encore prévôt au mois de mars 1609, suivant une sentence que M. Briand de Fortbois a dans deux titres concernant les vignes de Chappotte.
Chrestien Andrée, sa femme, 1583.

1612. — Girardin Claude. — Il fut aussi lieutenant-général.
Leclerc Germaine, sa femme.

1639. — Boucher Jacques. — Il avait été conseiller au bailliage.
Tribolé Germaine, sa femme.

1655. — Boucher Félix. — Jusqu'en 1694. Il a succédé audit Jacques, son père, suivant ses provisions du 13 novembre et installation du 19 mars 1655.
Baltazard Eugénie, sa femme.

1697. — Thierriat Zacharie-Gillet. — Jusqu'en 1739 qu'il est décédé et inhumé à Saint-Regnobert. Il a succédé à Félix Boucher, en date des provisions du 22 février 1697, et installation du 22 mai dudit an. Il était fils de Germain Thierriat, président au grenier à sel de cette ville, et demoiselle Marie Regnard ; décédé en décembre 1739, inhumé à Saint-Regnobert.
Guôt Edmée-Catherine, sa femme, originaire de Provins-sur-Seine ; décédée en 1746, inhumée à Saint-Regnobert.

1742. — Thierriat Germain-Zacharie-Joseph. — Il a succédé audit Zacharie-Gillet, son père, en date des provisions du 30 juin 1742, réception au Parlement du 26 juillet, installation des 7 et 8 août dudit an ; il a été le dernier possesseur de cette charge. La Prévôté ayant été supprimée par édit du mois de juin 1749, il a été remboursé d'une somme de dix-sept mille livres des deniers des officiers du Bailliage et Présidial, par la médiation de M. Joly de Fleury, intendant de Bourgogne. Sa Majesté lui a donné pour sa vie la place, rang et préséance qu'il occupait auxdits sièges en qualité d'honoraire. Mort à Perpignan le 2 décembre 1768.
Gaudot Geneviève, sa femme, fille du sieur Gaudot, marchand de

bois pour la provision de Paris, et de Madeleine Pillard, d'Auxerre, sœur puînée de la femme du sieur Robinet de Pontagny, conseiller ; mariée en 1744.

LIEUTENANTS GÉNÉRAUX D'ÉPÉE

Créés par édit du 8 octobre 1703, sous Louis XIV.

Nota. — Le rang de cet office est après le lieutenant-général. Il a été mis à cette place y ayant eu erreur à la page 15.

La page 15 du manuscrit termine les lieutenants-généraux.

1705. — DEGRILLET Jean-Baptiste, sieur de Bertreau. — Il fut le premier possesseur de cette charge ; ses provisions........ installation au bailliage du 26 janvier 1705.

De Culon d'Arcy, sa femme.

1747. — LEMUET Joseph-Christophe, sieur de Bellombre. — Il a été conseiller honoraire au Bailliage et Présidial, et commissaire sur le fait des aides et tailles ; ses provisions sont de 1745 ; il a obtenu des lettres d'honneur pour la charge de conseiller honoraire, en date du 30 décembre 1752. Ladite charge supprimée par une déclaration de 1753, enregistrée en Parlement le 14 mars 1755, au cas qu'elle tombe aux parties casuelles de Sa Majesté.

Camusat Anne, sa femme, fille de M. Camusat, maire de la ville de Troyes et négociant en gros ; décédée le 14 juin 1775, inhumée à Escolives.

1766. — LEMUET Joseph-Antoine. — Il a succédé à M. Joseph-Christophe Lemuet de Belombre, son père, suivant ses provisions du 22 mai 1765, reçu au Parlement le 19 décembre 1765, installé au Bailliage le 24 janvier 1766 ; il est né le 21 avril 1738. Ledit sieur son père a eu des lettres patentes de retenue de service et de survivance en cas de décès de sondit fils, en date du 26 mai 1765, enregistrées au Parlement le 23 décembre 1765 et au Bailliage le 24 janvier 1766. Ledit Joseph-Antoine est officier lieutenant dans le corps royal d'artillerie, chevalier de Saint-Louis, marié en 1773, le 21 avril.

Bertrand de Troies Gabrielle, sa femme.

CONSEILLERS

au Bailliage et Présidial d'Auxerre.

1551. — RÉMOND Girard. — Il est le premier conseiller qu'on trouve depuis la création du présidial, dont on croit aussi les six suivants.

De Bollanger Jeanne, sa femme ; elle était veuve le 27 décembre 1561.

1551. — DELYE Germain. — Il était en place lors de la création du présidial, et vivait encore en septembre 1593, suivant les notes de M⁰ Cochon, advocat sur la coutume d'Auxerre, page 230, 12°. Il a été doyen.

Rousselet Anne, sa première femme, le 29 juin 1559 ; Guerrier Marie, sa seconde femme, décédée le dernier février 1601.

1561. — PION Jean. — Il est mort entre le 15 avril et le 7 octobre 1584.

Vion Marguerite, sa femme.

1561. — FRESNAY Claude. — Il était conseiller en 1553, suivant le nécrologe des RR. PP. Cordeliers.

Le Bryois Philippe, sa femme ; elle est morte le 4 décembre 1586, et est inhumée aux Cordeliers à la sépulture des Le Bryois.

1561. — FERROUL Eusèbe.

Odoart Paule, sa première femme, le 25 juin 1559 ; Camus Barbe, sa seconde femme, le 31 octobre 1581.

1561. — LECLERC Claude. — Il était petit-fils de Guillaume Leclerc, procureur du roi auxdits sièges en 1492 ; est décédé sans enfant au mois d'octobre 1583 et est inhumé à Saint-Mamert devant l'autel de Saint-Jean.

Chevalier Claude, sa femme ; elle était tante du lieutenant-général de ce nom ; décédée le 26 juillet 1611, inhumée à Saint-Mamert, au lieu de la sépulture de son mary, suivant le nécrologe de ladite paroisse Saint-Mamert.

1561. — LÉGERON François. — Il vivait encore le 20 septembre 1593, suivant les notes de M⁸ Cochon, avocat sur la coutume d'Auxerre, page 230.

Fauleau Catherine, sa femme ; elle était sœur de Germaine, épouse de M. Nicolas Tribolé, avocat ; elle était veuve le 29 mars en 1598.

1561. — DELAPORTE Guillaume. — Il vivait le 8 octobre 1584 ; on croit qu'il a levé le premier la charge de conseiller garde-scel créée par édit du mois d'avril 1557. Il est mort en 1588.

Odebert Bénigne, sa femme.

1561. — BARGEDÉ Edme. — On croit qu'il a succédé à Girard Rémond. Il vivait en 1593, suivant les notes de Mᵉ Cochon, avocat sur la coutume d'Auxerre, page 230 ; il a été doyen après M. Delye.

Charles Claire, sa femme.

1568. — GUENIN Jean. — Il vivait en 1603 ; a succédé à Claude Fresnay, n'y ayant que cette charge vacante, lors de sa réception ; il était doyen en 1607, suivant l'acte d'installation du sieur Nicolas Bargedé.

Duvoigne Antoinette, sa femme ; elle était sœur du lieutenant particulier de ce nom, et mourut subitement le 27 janvier 1620, suivant le nécrologe des Cordeliers.

1580. — DUVOIGNE Melchior. — Il fut reçu conseiller sur la fin de 1576, suivant plusieurs sentences produites dans l'affaire des Donziois ; il était lieutenant particulier le   mars   ; sa charge et les deux suivantes des sieurs Seurat et Chalmeau sont de création postérieure à la coutume.

Cloppet Germaine, sa première femme, le 12 octobre 1588 ; Vernillat Anne, sa seconde femme, le 29 mars 1596. Tribollé, sa troisième femme.

1580. — Seurrat Germain. — Il fut lieutenant assesseur le 16 décembre 1600, et mourut le 20 janvier 1627. On est incertain s'il n'a pas été pourvu après le sieur Chalmeau. Sa charge, comme il est dit d'autre part, est de création postérieure à la coutume.

Tribollé Edmée, sa femme; elle était fille de Nicolas Tribollé et de Germaine Fauleau, et sœur de Nicolas, premier lieutenant criminel.

1580. — Chalmeau Pierre. — Il fut reçu conseiller environ le mois de juin 1578, suivant plusieurs sentences produites à l'affaire du Donziois ; il était fils du lieutenant-général de ce nom ; vivait encore et était doyen en 1617, suivant la sentence d'installation de Claude Fernier; sa charge est de création postérieure à la coutume.

Moreau Anne, sa femme.

1580. — Fernier Estienne. — Il n'était qu'enquesteur le 12 février 1582, et était conseiller le 12 juillet 1585. Il est mort en 1636. Sa charge est de la création de 1580. Messieurs du Présidial s'étant opposé à sa réception et à son installation, elle se fit par un conseiller du parlement en 1584; il y fut maintenu en 1586: il est certain qu'il fut le premier possesseur de cette charge, que M. Housset possède aujourd'hui; il a entre mains les édits et arrêts.

Charles Marie, sa femme; elle était sœur du conseiller Jean Charles ci-après; d'eux est issue Anne Fernier, épouse de Jacques Pirretouy, première femme de Jacques Martineau, conseiller honoraire et auparavant président en l'élection de cette ville, dont est issue Anne Martineau, mère de M. Briand de Fortbois, président actuellement en place.

1585. — Villon Jean. — Il n'était qu'avocat le 25 octobre 1585 et était conseiller le 9 février suivant; on le croit successeur de Jean Pion.

Chalmeau Perrette, sa femme ; il y a apparence qu'elle était fille du conseiller ci-devant.

1587. — Charles Jean. — Il n'était qu'avocat le 14 mars 1587. Il était conseiller le 25 janvier 1588. On le croit successeur d'Eusèbe Ferroul, dont il était allié. Ledit Charles vivait en 1615, suivant les notes de M⁰ Cochon, avocat, et suivant l'acte de réception de Claude Fernier, dans lequel il est dénommé. Il était mort avant avril 1618, suivant une quittance de Paulette et marc d'or payé par Claude Charles, le 2 avril 1618, qui avait pris des provisions sans y être reçu. M. Didelet en a la quittance.

Ferroul Marie, sa femme.

1588. — Sotiveau Etienne. — Il était fils de l'avocat du roi de ce nom, et n'était qu'avocat en 1587, le 1ᵉʳ mai; il était conseiller le 1ᵉʳ juillet 1588; on le pense successeur de Guillaume Delaporte.

Le Prince Germaine, sa femme; elle était fille de François Le Prince, receveur des décimes, et de Louise de Villemort.

1590. — Girard Guillaume. — Il était conseiller à la prévôté le 24 avril 1587 et conseiller au présidial le 12 juillet 1590; on le croit successeur de Claude Leclerc. Il est décédé le 3 septembre 1612, et est inhumé à Saint-Pierre-en-Château.

Regnauldin Jeanne, sa femme; elle est décédée le 6 juillet 1615 et est inhumée à Saint-Pierre-en-Château.

1594. — Petitfou Laurent. — Il était successeur d'Estienne Sotiveau, suivant ses provisions du 17 mai 1594. Il était doyen en 1627, lors du règlement entre le lieutenant criminel Tribolé, Seurrat, l'assesseur, et autres officiers dudit siège.

Tribolé Germaine, sa femme ; elle était sœur de ladite Edmée, femme de Germain Seurrat.

1595. — Maunoir Pierre. — Il était successeur de François Légeron, dont il avait épousé la fille, suivant ses provisions du 4 février 1595, délivrées sur la nomination pure et simple du sieur de Légeron ; il a été doyen près de 20 ans.

Légeron Catherine, sa femme ; elle était fille du sieur François Légeron, conseiller ci-devant nommé.

1599. — Lauverjat Germain. — Il était avocat le 14 janvier 1598 et conseiller le 7 août 1599. On le croit successeur de Melchior Duvoigne ; il mourut le 6 janvier 1631, et fut enterré aux Cordeliers, suivant leur nécrologe.

Lamy Anne, sa femme.

1603. — Prévost Claude. — Il était avocat le 8 août 1599 et conseiller en 1603 ; on pense qu'il a succédé à Jean Villon. Il mourut le 2 octobre 1631 et fut inhumé aux Cordeliers sous la tombe de ses ancêtres, joignant le pilier des orgues, suivant leur nécrologe. On a lieu de penser qu'il était conseiller en 1601, suivant une sentence du 15 juin audit an produite au procès du Donziois.

Thierriat Edmée, sa première femme, le 8 août 1599 ; Delalogue ou Delagogue Anne, sa seconde femme, le 4 novembre 1610.

1602-1603. — Chacheré Claude. — Il a succédé à M⁺ Germain Delye, aïeul maternel de sa femme ; il était conseiller avant le 23 février 1608, suivant ses provisions du 23 décembre 1602, et installation du 17 juin 1603 ; il est mort le 19 août 1637.

Girardin Anne, sa femme ; elle était fille d'Estienne, avocat, et de Marie Delye.

1606. — Bargedé Nicolas. — Il était avocat le 20 février 1602, conseiller le 5 octobre 1608, était fils de Nicolas, président, et de Marie Hobelin ; neveu d'Edme, auquel il a succédé, suivant ses provisions du 6 décembre 1606, et installation du 12 juin 1607 ; il a été doyen environ deux ans.

Canelle Charlotte, sa femme.

1608. — Dassier Jean. — Il était grand archidiacre d'Auxerre le 24 novembre 1613 et était dans le même temps conseiller, suivant les notes de M⁺ Cochon sur la coutume d'Auxerre, page 188. On croit qu'il était conseiller clerc, et qu'il est le premier qui a levé cette charge créée en 1573 ; il est aussi dénommé dans le règlement du bailliage d'Auxerre du 19 décembre 1613. M. Lebeuf, en son histoire d'Auxerre, tome Iᵉʳ, page 756, prétend qu'il a succédé à un Le Prince.

N'a point été marié, étant archidiacre et conseiller clerc.

1611. — Girard Gilles. — Il était fils de Guillaume, auquel il a succédé en 1611, suivant sa démission du 13 février 1609 et la réception au Parlement du 14 décembre 1611. Il mourut le 2 novembre

1652 et fut inhumé aux Capucins, suivant le nécrologe de Saint-Pierre-en-Château.

Vincent Anne, sa femme ; elle était fille de Philippe, président en l'élection d'Auxerre, décédée le 22 février 1620 et inhumée à Saint-Pierre-en-Château.

1612. — LECLERC Laurent. — On croit qu'il a succédé au sieur Germain Seurrat en 1611 ou 1612.

Moreau Barbe, sa femme.

1612. — LE PRINCE Jacques. — Il a succédé à Jean Guenin, suivant ses provisions et acte d'installation des 27 juin et 11 septembre 1612. Il a été doyen.

Girard Anne, sa femme ; d'eux est issue Edmée Le Prince, épouse de Nicolas Martineau, président en l'élection, qui a eu Jacques Martineau, époux de Marie Pierretouy, dont est issue Anne Martineau, épouse de Claude Briant de Forbois, président au présidial, père et mère de François Briand de Fortbois, aussi président aujourd'hui,

1616 et 1617. — FERNIER Claude. — Il était fils d'Estienne et était avocat en 1605, substitut du procureur du roi en 1611 ; il succéda à son père suivant ses provisions du 28 décembre 1616, et installation du 18 avril 1617. Il est mort avant le 3 mars 1643.

Berault Germaine, sa femme ; elle était fille de Guillaume Berault l'aîné, marchand, puis receveur au grenier à sel.

1620. — BALTAZARD Christophe. — Il était conseiller en 1621, suivant le registre des causes d'audience de ladite année ; on croit qu'il a succédé à Jean Charles.

On n'a pas pu savoir s'il avait été marié.

1622. — LE ROY François. — Il était conseiller clerc et chanoine de la cathédrale d'Auxerre en 1622 ; on croit qu'il a succédé à Jean Dassier ; il mourut le 31 décembre 1669 ; il a été doyen environ 20 ans.

Etait conseiller clerc.

1623. — DELACHASSE Claude. — Il a succédé à Christophe Baltazard, suivant ses provisions du 1er mai 1623, et réception du 4 juillet suivant ; il était fils de Gabriel Delachasse, grénetier au grenier à sel de Vézelay, et de Jeanne Leclerc, fille d'Henri Leclerc, lieutenant-général d'Auxerre.

Girard Edmée, sa femme ; elle était fille de Pierre Girard, receveur des décimes et du grenier à sel d'Auxerre, le 5 février 1599, et sœur de celle ci-dessus.

1623. — BARGEDÉ Gilles. — Il était fils de Jean, avocat, et de Germaine Thierriat, fille de Gilles, prévost d'Auxerre ; sa charge est de la création de 1622.

Dubroc Françoise, sa femme.

1623. — LECLERC Claude, seigneur des Barres. — Ses provisions et celles de Gilles Bargedé ci-dessus établissent que ces deux charges sont de la même création de mois de février 1622. Il y a apparence qu'il a été reçu en 1623.

Fernier Perrette, sa femme ; elle était fille du sieur Claude Fernier, 29e conseiller, et de ladite Germaine Berault.

1625. — Chalmeau Pierre, deuxième du nom. — Il était fils du sieur Chalmeau, premier de ce nom, auquel il a succédé ; il était avocat le 14 janvier 1620, conseiller le 14 août 1625 et est mort le 21 janvier 1636, suivant le nécrologe des RR. Cordeliers.

Le Prince Anne, sa femme ; elle était fille de Jean Le Prince, seigneur de Soleines, et de Magdeleine Colinet.

1629. — Petitfou Nicolas. — Il a succédé à Laurent Petitfou, son père, en 1629, suivant les extraits baptistaires de la paroisse de Saint-Eusèbe des 5 mai 1608 et 11 juillet 1631.

Pirot Françoise, sa femme.

1630. — Bargedé Edme, deuxième du nom. — Il était frère dudit Gilles auquel il a succédé, suivant ses provisions du 9 février 1630.

Dubroc Marie, sa femme.

1631. — Née Jean. — Il a succédé audit Germain Lauverjat, son beau-père, en 1631. Il a été inhumé le 13 décembre 1662 aux Cordeliers, à la sépulture des Lauverjat.

Lauverjat Jeanne, sa femme ; elle était fille dudit Lauverjat, conseiller.

1632. — Prévost Jean. — Il a succédé audit Claude, son père, suivant ses provisions de 1632.

Marie Jeanne, sa femme ; elle était fille de Nicolas Marie, receveur des aides.

1633. — Boucher Jacques. — On croit avec raison qu'il a succédé à Laurent Leclerc en 1633, toutes les autres charges étant remplies lors de sa réception. Il fut prévost d'Auxerre en 1639, et fut inhumé le 31 janvier 1654 aux Cordeliers, à la sépulture de ses ancêtres.

Tribolé Germaine, sa femme ; elle était fille de Nicolas, premier du nom, lieutenant criminel.

1635. — Baltazard Christophe. — Il était aussi avocat du roi ; il est certain qu'il était conseiller en 1637, suivant les notes de M' Cochon. Il a possédé sa charge de conseiller, unie à celle d'avocat du roi par édits du mois d'août 1578 et février 1622. Cette charge est de la création de 1578 et 1634.

On n'a pu découvrir s'il a été marié.

1637. — Delacourt Etienne. — Il était avocat le 13 août 1613, lieutenant en la prévôté le 26 juin 1616, conseiller au bailliage le 9 mars 1638 ; cette charge est une de celles créées par édits des mois d'août 1578 et février 1622 pour être unie aux charges d'avocat du roi, et qui, par arrêts du conseil et lettres-patentes des 8 et 15 mars 1634, ont été désunies desdites charges d'avocat du roi ; en conséquence, ledit sieur Delacourt leva cette charge en 1635, suivant ses provisions du 6 novembre 1635 et réception au Parlement du 18 mars 1636 ; il y a copie desdites provisions dans le dossier contenant l'arrêt du conseil obtenu par la compagnie, contre ledit sieur Delacourt, et M' Jean Ferré, lieutenant en la prévôté. Il est mort le 3 juin 1654 ; ainsi par cette note la charge doit être regardée comme de la création de 1635.

Lauverjat Claude, sa femme ; elle était fille de Charles, contrôleur au grenier à sel, et de Jeanne Chevalier.

1638-1639. — CHACHÉRÉ Jean. — Il a succédé audit Claude, son père, suivant ses provisions du 7 décembre 1638, et installation du 1er février 1639.

Lemuet Germaine, sa femme.

1637 et 1639. — NIZON Etienne. — Il a succédé à Pierre Chalmeaux, deuxième du nom, son beau-père, suivant ses provisions du 29 décembre 1637 et acte de réception du 1er février 1639; il a été doyen après le sieur Le Roy, conseiller clerc.

Chalmeaux Magdeleine, sa femme; elle était fille de Pierre, deuxième du nom.

1642. — MARIE Thomas. — Il a été le premier possesseur de cette charge créée par édit du mois de décembre 1635, suivant ses provisions du 1er mai 1642, et installation du 19 août suivant; il était fils de Nicolas, receveur des aides, et de Magdelaine Lafaye.

Morin Perrette, sa femme; elle était fille d'un président de Saint-Pierre-le-Moustier, et sœur de l'avocat Morin, aïeul de Me Morin, aussi maître particulier des eaux et forêts d'Auxerre.

1643. — GIRARDIN Jean. — Il était fils de Claude, lieutenant-général, et était conseiller en 1643; il est décédé à la fin de 1649 ou commencement de 1650; on croit qu'il a succédé à Jacques Boucher.

Boursier Edmée, sa femme.

1643. — ANCELOT Laurent. — Il a succédé audit Baltazard, conseiller et avocat du roi, qui, en conséquence de l'édit du mois de mars 1637, portant permission, moyennant une finance de mille livres, de désunir la charge d'avocat du roi de celle de conseiller, vendit celle-ci audit sieur Ancelot, lequel en obtint des provisions le 13 mai 1643, et y fut installé la même année, et ayant vendu audit sieur Martineau dit Maillard, en 1676, il obtint des provisions ou lettres d'honneur, en vertu desquelles il siégeait encore en 1684.

Payen Marie, sa femme.

1643. — FERNIER Joachim. — Il a succédé audit sieur Claude, son père, suivant ses provisions et acte d'installation du 12 mai 1643; il a ensuite succédé à son frère Etienne dans la charge de lieutenant particulier en 1662, et qu'il a possédée jusqu'à sa mort.

Massé Charlotte, sa femme.

1636-1644. — BOUCHER Claude. — Il était le premier possesseur de cette charge de conseiller honoraire créée par édit d'avril 1635. Ses provisions sont du mois de mars 1636, et il ne fut installé au présidial que le 8 mai 1644; il mourut le 8 mai 1645 et fut inhumé aux Cordeliers dans la sépulture des Boucher.

Boirot Marie, sa femme.

1645. — GIRARD François. — Il était fils de Gilles, auquel il a succédé en 1644 ou 1645, sur sa démission. Il est décédé en novembre 1649 et est inhumé à Saint-Pierre-en-Chasteau; il laissa de sa dite épouse François Girard, avocat au Parlement de Paris, qui a eu de ladite Jeanne-Marie Me Nicolas Girard, conseiller au Chastelet. Après le décès dudit François Girard, Me Nicolas Martineau, président en l'élection, son beau-frère, prit des provisions de ladite charge, mais il n'y fut pas reçu, et fit sa démission au mois de décembre 1652 au profit de Claude Marie.

Martineau Magdeleine, sa femme; elle était fille de Claude, président en l'élection, et sœur de Nicolas, aussi président en l'élection.

1648. — THIERRIAT Nicolas. — Il a succédé audit Nicolas Petitfou, dont il était allié, et était en place le 9 février 1648.

Petitfou Marie, sa femme; elle était veuve le 6 juin 1652.

1649. — CHAPPOTIN Jean. — Il a succédé à Pierre Maunoir, suivant ses provisions et acte d'installation des 9 août et 2 septembre 1649. Après le décès dudit sieur Chappotin, arrivé en 1684, M⁰ Estienne Beaufils obtint des provisions de cette charge, mais il n'y fut pas reçu. Lesdites provisions sont du 29 décembre 1684; il a été doyen depuis le décès dudit sieur Etienne Nizon.

Coullault de Berry Marie, sa femme.

1650. — MAGNAN Jean. — Il a succédé audit Jean Girardin, son beau-père, en 1650.

Girardin Marie, sa femme, fille dudit Jean Girardin.

1651. — BARGEDÉ Elie. — Il était fils de Nicolas, auquel il a succédé, suivant ses provisions du 21 mai 1651 et installation du 19 décembre de la même année. Après son décès, ledit sieur Gabriel Puitieux obtint des provisions de cette charge, mais il n'y fut pas reçu. Lesdites provisions sont du 15 juin 1683.

Seurrat Louise, sa femme; elle était fille de Jean-Jacques Seurrat, bailli de Saint-Germain, et sœur d'Octave Seurrat ci-après.

1652-1653. — MARIE Claude, Iᵉʳ du nom. — Il a succédé audit François Girard sur la démission de Nicolas Martineau, suivant ses provisions du 8 avril 1652, réception au Parlement du 15 janvier 1653 et acte d'installation au bailliage et présidial du 4 février audit an; il est décédé en 1753 (1), après avoir été doyen depuis 1684 jusqu'en 1711, qu'il fit sa démission en faveur de Claude Marie, son petit-fils.

Billard Jeanne, sa première femme, en 1616; elle était fille de Claude, avocat, et sœur du président de ce nom; Martineau Magdeleine, sa seconde femme; elle était veuve dudit François Girard.

1653. — THIERRIAT Claude. — Il a succédé audit Nicolas Thierriat, suivant ses provisions du 15 janvier 1653; il était fils du sieur Laurent Thierriat, officier, et de Germaine Martineau.

Marie Germaine, sa femme; elle était sœur de ladite Jeanne-Marie, épouse dudit Claude Prévost.

1653. — SEURRAT Octave. — Il a succédé à Jacques Le Prince, son aïeul maternel, suivant ses provisions du 10 mai 1649 et installation du 20 août 1653; il était fils de Jacques Seurrat, bailli de Saint-Germain, et de Marie Le Prince.

(1) Cette date de décès doit être fausse. Il devait avoir un certain âge lorsqu'il fut pourvu de son office en 1652, ce qui ajouté aux 101 ans existant entre ses provisions et son décès constituerait un âge (de 125 à 130 ans) que l'on doit rejeter comme trop invraisemblable.

Regnard Magdeleine, sa première femme, dont descendent MM. Seurrat; Coullault de Berry André, sa seconde femme, dont il n'a point eu d'enfant; elle était sœur de Marie ci-dessus.

1656. — LEMUET François. — Il a succédé audit Jean Magnan.
Villain Elisabeth, sa première femme, dont il a eu quatre enfants, entre autres Etienne Lemuet ci-après; Girardin Marie, sa seconde femme, veuve dudit Magnan.

1655-1658. — GIRARDIN Claude. — Il a succédé audit Claude Boucher, son beau-père, suivant ses provisions du 8 août 1655 et acte d'installation du 8 mai 1658.
Boucher Anne, sa femme; elle était fille dudit Claude Boucher.

1658. — GORGET Pierre. — Il a succédé à Jean Prévost, suivant ses provisions du 7 avril 1658 et acte d'installation du 3 juillet suivant.
Marie Marthe, sa femme; elle était fille de Thomas Marie, lieutenant-général, et de Marthe Foudriat, fille d'Olivier Foudriat, président.

1662. — MARTINEAU Claude, seigneur de Montjoux. — Il a succédé à Etienne Delacourt, suivant ses provisions du....; il était fils de Nicolas Martineau, président en l'élection, et d'Edmée Lebeau, sa première femme, fille unique du sieur Lebeau, seigneur de Montjoux.
Berault Marie, sa femme, sœur de Charles ci-après.

1662-1663. — MASSÉ Octave. — Il a succédé à Joachim Fernier, son beau-frère, suivant ses provisions du 22 novembre 1662 et installation du 26 février 1663; il mourut le 8 juillet 1683.
Regnauldin Germaine, sa femme; elle était fille de Jean, procureur du roi, et sœur d'Etienne, aussi procureur du roi

1663. — SEURRAT Nicolas. — Il était fils de Nicolas, lieutenant assesseur; il a succédé à Jean Née, suivant ses provisions du dernier juin 1663 et acte d'installation dudit 18 juillet, même année.
Jodon, sa femme.

1663. — LECLERC Jean. — Il a succédé audit Claude, son frère, suivant ses provisions et installation des 8 et 18 juillet 1663.
Villain Charlotte, sa femme, sœur de ladite Elisabeth.

1663. — DELACHASSE Joseph. — Il a succédé audit Claude, son père, sur la démission du 3 juillet 1662 et suivant les provisions dudit Joseph du 3 juin 1663, et acte d'installation du 25 octobre même année; il est mort doyen en 1721, et est inhumé à Saint-Regnobert.
Roussel Edmée, sa femme, décédée le 8 février 1738, âgée de 98 ans, inhumée à Saint-Regnobert.

1666. — CHARTRAIRE Antoine. — Il succéda audit Claude Girardin, suivant ses provisions du 25 juillet 1666; de lui sont issus MM. de Chartraire, trésoriers généraux des Etats de Bourgogne, lui-même l'ayant été après avoir possédé la charge de lieutenant criminel de Semur.
Lemuet Marie, sa femme, sœur de Joseph, conseiller ci-après.

1667. — **Bargedé** Nicolas, deuxième du nom. — Il a succédé audit Edme, son père, suivant ses provisions du 19 mars 1667 et installation du 23 décembre suivant.

Desjoies Françoise, sa femme ; elle était de Mailly-Château.

1669. — **Leclerc** Germain. — Il a succédé audit Jean, son père ; son installation est du 27 février 1669 ; il est mort en 1722, étant doyen.

Fillieux Magdeleine, sa femme.

1669. — **Chacheré** Jean, deuxième du nom. — Il a succédé audit Jean, premier du nom, son père, suivant son acte d'installation de 1669 ; il mourut en 1719.

Desjoies Germaine, sa femme ; elle était sœur de ladite Françoise, de Mailly-Château.

1669-1670. — **Martineau** Jacques. — Il était président en l'élection lors de la suppression de cette justice et de la réunion du comté d'Auxerre aux États de Bourgogne, et par édit de ladite année il y eut quatre charges de conseillers honoraires créées en place de ladite élection, exerçant la justice sur le fait des aides, tailles, fermes, droits du roy, etc., qui furent levées par ledit sieur Martineau et les trois suivants. Par arrêt du conseil, il eut le pas sur M. Chrétien, attendu qu'il avait été président en ladite élection, quoique reçu en ladite charge après le sieur Chrétien. Ses provisions sont du 17 août 1669, et réception au Parlement du 19 mai 1670. Il mourut en novembre 1725, âgé de 89 ans 2 mois. Il avait résigné sa charge à son fils ci-après nommé, en 1722. Les appellations des sentences de cette juridiction se portent à la cour des aides. Ces conseillers honoraires se font recevoir au Parlement et à la Cour des aides ; ils ont rang, séance, voix délibérative au bailliage et présidial, et roulent avec lesdits officiers suivant la réception.

Pirretouy Marie, sa première femme ; elle était fille de Jacques Pirretouy, receveur des tailles d'Auxerre ; d'elle est issue Anne Martineau, mère de M. François de Briant de Fortbois, actuellement en place ; Baudesson Etiennette, sa seconde femme, était sœur d'Edme Baudesson, conseiller honoraire ; d'elle est issu Jacques Martineau, seigneur de Soleines, conseiller honoraire ci-après ; elle mourut en 1719, âgée de 90 ans, et encore sœur dudit sieur Jean Baudesson, maire en titre.

1669. — **Chrétien** Claude, seigneur de la Villotte. — Il était lieutenant de ladite élection ; il obtint des provisions de la charge de conseiller honoraire sur les aides le 16 août 1669, et fut installé le 7 septembre suivant.

Lauverjat Anne, sa femme ; elle était veuve de Jean Duvoigne, lieutenant de l'élection, et fille de Germain Lauverjat, conseiller.

1669. — **Morot** Charles. — Il était élu lors de la suppression de ladite élection, et mourut en novembre 1703 ; il fut reçu à la cour des aides.

Jodon Catherine, sa femme ; d'eux est issue Marie Morot, épouse de Claude Leclerc, greffier de l'élection d'Auxerre, père de Toussaint Leclerc, aussi greffier en chef, qui de Marie-Anne Hay a eu Anne

Leclerc, épouse de M. François Briant de Fortbois, président au présidial.

1669. — LEMUET Joseph. — Il était fils de Joseph Lemuet, officier, et de Magdeleine Martineau ; il obtint des provisions et fut reçu ; il mourut en 1721 ; il s'anoblit en 1701 par une charge de secrétaire du roi au Parlement de Dijon. C'est ici où finissent les quatre charges de conseillers honoraires sur le fait des aides, etc., créées par édit de 1668. Il fut reçu à la cour des aides.

Thierriat Germaine, sa femme ; elle était originaire de Saint-Florentin.

1673. — LE ROY François, deuxième du nom. — Il a succédé à François, son oncle, suivant ses provisions du 8 juin 1671, réception au Parlement du 8 août 1673 et au bailliage le 6 septembre de la même année ; il a conservé sa charge jusqu'à sa mort, quoique marié le 8 novembre 1677. Car il avait été clerc tonsuré le 14 avril 1655 ; après son mariage, MM. du Présidial lui refusèrent l'entrée à la chambre du conseil, de monter à l'audience, sur quoi il y eut accommodement.

Soufflot Edmée, sa femme ; elle était d'Irancy.

.... — BAUDESSON Edme. — Il a succédé audit Chartraire dans la charge de conseiller honoraire, suivant ses provisions et acte d'installation des 15 juin et 7 septembre 1673 ; il était frère du sieur Jean Baudesson, premier maire en titre de cette ville ; il est décédé en 1700.

Berault Charlotte, sa femme, sœur de la susdite Marie et sœur de Charles Berault, conseiller honoraire ci-après.

1675. — NIZON Pierre. — Il a succédé audit Estienne, son père, suivant ses provisions et acte d'installation des 4 avril et 2 mai 1675 ; il a été doyen après Germain Leclerc, et vendit sa charge à Melchior Choppin en 1729 ; il mourut en 1732.

Thierriat Marie, sa femme ; elle était fille de Claude, conseiller garde-scel.

1676. — MARIE Jean. — Il a succédé à Thomas, son père, suivant ses provisions du 30 janvier 1676, et installation du mois de février suivant.

Bellau Madeleine, sa femme ; elle était fille de François de Bellau, conseiller à Montargis, et de Marie Alix, sa femme.

1676. — MARTINEAU Claude. — Il a succédé audit Laurent Ancelot, suivant ses provisions du 5 mars 1676 et installation du 24 mars audit an suivant. Il était fils de Réné Martineau, avocat, et de Germaine Maillard, ainsi cousin-germain dudit Jacques Martineau ci-après ; ledit Claude était aïeul maternel des dames épouses des sieurs Poursins, bailli de Seignelay, et Pierre Creté de la Barcelle, prévôt de la maréchaussée d'Auxerre actuellement en place.

Regnauldin Marie, sa femme ; elle était sœur de ladite Germaine, fille de Jean, procureur du roi, et sœur d'Etienne, aussi procureur du roy ; il n'a point eu d'enfants de ce mariage qu'un fils mort sans postérité.

1676. — BERAULT Charles. — Il avait été président au grenier à sel et était gendre dudit Claude Chrétien, auquel il a succédé dans sa charge de conseiller honoraire sur le fait des aides et tailles, etc., suivant ses provisions du 6 juillet 1676 et installation du 25 novembre suivant; il mourut sans enfant en 1713, après avoir vendu sa charge à M' Gaspard Martineau, son neveu.

Chrestien, sa femme.

1683. — Lemuet Etienne. — Il a succédé audit François, son père, suivant ses provisions du 27 décembre 1683.

Girardin Edmée, sa femme; elle était sœur de Marie, seconde femme de François Lemuet, père dudit Etienne ; ainsi le père et le fils avaient épousé les deux sœurs.

1685-1687. — Pinard Jean-Baptiste. — Il a succédé audit Octave Massé, suivant ses provisions du 13 décembre 1686 et installation du 3 août 1687. Il est décédé au mois de juin 1735, et avait vendu sa charge audit sieur Edme Potel en 1733, qui en prit des provisions cette même année, n'y fut pas reçu étant mort au mois de décembre de ladite année. Le sieur Pinard a été doyen après le sieur Nizon.

Faultrier, sa femme.

1687. — Jodon Nicolas. — Il a succédé audit Nicolas Seurat, son oncle maternel, suivant ses provisions du 2 mars 1687 et réception du 31 mai suivant; il était fils d'Edme Jodon, docteur en médecine, et de demoiselle Eloy Coullault de Berry.

Ragot Germaine, de Chablis, sa femme.

1687 et 1688.— Levasseur Joseph.— Il a succédé à Elie Bargedé, suivant ses provisions du 21 août 1687 et réception du 12 janvier 1688. Il a eu, entre autres enfants, Joseph le Vasseur, chanoine encore aujourd'hui de la cathédrale de cette ville.

Chrétien Ursule, sa femme ; elle était fille de Pierre Chrétien, gros marchand de cette ville, et de demoiselle Ursule Cochon, grande-tante du père de M. le président Briand de Fortbois, actuellement en place.

1689-1690. — Le Roy Louis. — Conseiller clerc ; il a succédé audit François, son frère, suivant ses provisions du 29 décembre 1689 et installation du 6 août 1690. Il était chanoine sous-diacre de l'église d'Auxerre.

1690. — Chappotin Nicolas. — Il a succédé audit Jean, son père, suivant ses provisions et acte d'installation des 16 février, 20 avril et 7 juin 1690. Il est mort doyen, a été inhumé à Saint-Pierre-en-Château auprès de son épouse, le 30 janvier 1735.

Bargedé Anne, sa femme.

1690. — Martineau Edme. — Il a levé le premier la charge de conseiller honoraire créée par édit du mois de février 1690, qui a un rang fixé après les quatre anciens conseillers ; ses provisions sont du 24 septembre 1690 et son installation du 15 novembre même année. Il était frère dudit Jacques Martineau ; il mourut le 16 mai 1722. Il est inhumé aux Cordeliers, sépulture de MM. Martineau, près le grand autel.

Berault Germaine, sa femme ; elle était sœur dudit Charles Berault, et est morte au mois de décembre 1722, inhumée aux

Cordeliers. Elle était tante de dame Berault, épouse de messire Joly de Fleury, avocat général au Parlement de Paris.

1695. — BREUZARD Charles-François. — Il a succédé à Joseph Levasseur, suivant ses provisions, acte d'installation des 30 juillet et 19 septembre 1695. Il a été doyen depuis 1735 jusqu'en décembre 1741 qu'il mourut ; il était fils de François Breuzard, officier du roy, et de Marthe Foudriat.

Raffin Anne, sa femme ; elle était fille de M. Louis Raffin.

1697. — CHACHERÉ Pierre, sieur de la Brosse. — Il était frère dudit Nicolas Bargedé, deuxième du nom, suivant ses provisions du 3 mars 1697 ; il est mort le 23 juillet 1736.

Rousselet, sa première femme ; Boirot Anne, sa deuxième femme.

1697. — BERAULT Prix. — Conseiller garde-scel ; a succédé à Claude Thierriat, suivant ses provisions et installation des 10 juin et 7 août 1697 ; cette charge a été supprimée en 1727, et ledit sieur a été remboursé d'une finance de huit mille livres ; il était fils de M. Edme Berault, officier du roi, et de Germaine Deschamps. Il mourut subitement le 18 août 1747 à la terre de Nangis, et fut inhumé à Saint-Mamert, sépulture de sa famille.

Richer Claude, sa femme ; elle était fille de M. Jean Richer, avocat, et de Germaine Leclerc. Décédée le 3 décembre 1753, âgée de 84 ans, inhumée à Saint-Mamert, dans la sépulture de MM. Berault.

1698. — REGNAULDIN Pierre. — Il était fils de M. Etienne Regnauldin, procureur du roi ; il fut longtemps procureur du roi en la prévôté. Il leva en 1696 cette charge de conseiller créée par édit de la même année ; ses provisions et installation sont du 24 avril et 15 juillet 1698. Il est décédé au mois de septembre 1734, âgé d'environ 76 ans.

Laurent Anne, sa première femme, dont est issue M. Laurent Regnauldin, procureur du roi actuellement ; Faultrier Marie, sa deuxième femme, était fille d'Etienne, avocat du roi, et d'Anne Deschamps. Décédée subitement le 1ᵉʳ mars 1744, âgée de 77 ans.

1699. — HAY Edme. — Il a succédé à Claude Martineau de Montjoux, suivant réception du 15 janvier 1699 ; il mourut la même année, sans avoir été marié. Les sieurs Joachim, gendre dudit sieur de Montjoux, et Lenormand ont pris successivement des provisions de cette charge sans y avoir été reçus.

1698. — BOUCHER Edme. — Il a succédé audit Edme Hay, son beau-frère, en ladite année 1699, et a possédé ladite charge jusqu'en 1733, qu'il a vendue au sieur Octave Seurrat, ci-après. Il est mort le 13 octobre 1755, âgé de 81 à 82 ans, inhumé à Saint-Eusèbe.

Hay Marguerite, sa femme ; elle était sœur dudit Edme Hay.

1701. — BAUDESSON Pierre. — Il a succédé audit Edme, son père, suivant ses provisions et acte d'installation des 5 juin et 29 juillet 1701 ; il a résigné sondit office en novembre 1754 à Pierre-Henri Baudesson, son cousin. Il est décédé le 16 avril 1755 et inhumé à Saint-Regnobert ; il n'a point eu d'enfants, seulement un frère qui était trésorier de France à Soissons, lequel a laissé une fille unique mariée à M. de l'Ouatre, trésorier à Soissons, et un fils qui n'a point eu d'enfants.

Richer Jeanne, sa femme, sœur de la susdite Claude, épouse de M. Prix Berault ; elle mourut le 3 avril 1752 et fut inhumée à Saint-Regnobert, dans la sépulture des Baudesson.

1703. — Chappotin Nicolas, sieur de Rouvray. — Il a succédé à Pierre Gorget, suivant ses provisions et acte d'installation des 12 février et 14 mars 1703 ; il est mort le 13 juillet 1731, et a été inhumé à Saint-Mamert, dans la sépulture de Charles Chappotin, son père, baillif de Saint-Germain.

Bogne de Franchy Gabrielle, sa première femme, sœur de dame Bogne de Franchy, épouse du sieur Lecourt de Bru, receveur des tailles de Tonnerre ; Perrette Marie-Suzanne, sa deuxième femme, de Seignelay ; décédée le 30 juillet 1762, inhumée à Saint-Mamert.

1704. — Leclerc Ythier, sieur de Croles. — Il a succédé audit sieur Charles Morot, son aïeul maternel, suivant ses provisions du 16 février et acte d'installation du 4 avril 1704 ; il était fils de Claude Leclerc et de Marie Morot. Il mourut le 21 février 1736, et a été inhumé aux Cordeliers, sépulture de sa famille.

Cordier Marie, de Cravant, sa femme ; d'eux est issue Marie de Croles, qui épousa le sieur de Montille, dont est issu un garçon, lequel est mort en 1761 à Paris. Elle mourut une minute après son accouchement, en l'année 1743 ; le sieur de Montille est passé depuis en secondes noces et en troisièmes. Ladite dame Marie Cordier est décédée le 11 avril 1767, âgée de 80 ans, inhumée aux Cordeliers.

1705. — Robinet Jean, sieur de la Coudre. — Cette charge est de nouvelle création par édit du mois de septembre 1704 ; les provisions dudit sieur sont des 7 juin 1705, réception et installation audit siège du 25 dudit mois dudit an. Il était fils de Jean Robinet, commissaire aux revues, et d'Agnès Cacheré, sœur desdits Jean et Pierre ; cette charge a été supprimée, mais ledit sieur est dans la jouissance pendant sa vie, au moyen du consentement qu'il a prêté de ne point recevoir son remboursement de la finance qu'il avait payée à Sa Majesté ; il est actuellement doyen depuis la mort du sieur Breuzard. Ledit sieur Jean Robinet est décédé le 30 janvier 1754 ; il est inhumé à Notre-Dame-la-d'Hors. Il était âgé de 74 ans. Charge supprimée.

Chrétien Germaine, sa femme ; elle était fille du sieur Edme Chrétien, avocat et bailli de Mailly-Château. Morte en l'année 1741.

1705. — Martineau Claude, sieur Deschesnez. — Neveu de Jacques et Edme Martineau, et fils de Jean Martineau, avocat, sieur Deschesnez, et de Bienvenue Marie, qui était fille de M. Thomas Marie, lieutenant-général, et de Marthe Foudriat. Il a succédé à Claude Martineau, son cousin, suivant ses provisions et acte d'installation des 23 mai, 14 juin et 27 juillet 1705 ; il vendit en 1743 sadite charge au sieur Robinet de Pontagny, son neveu maternel ; il obtint des lettres de vétérance le 25 mai 1743, enregistrées au Présidial le 19 juin de ladite année ; il mourut subitement le 20 juin 1748 et fut inhumé aux Cordeliers. Il était père d'Edme Martineau, advocat du roi, et du sieur Martineau de Mormoul, procureur du roy en l'hôtel de ville.

Berault Marie-Anne, sa femme ; elle était sœur du sieur Prix Berault, conseiller supprimé, et du sieur Berault, conseiller clerc ; elle est morte au mois de juillet 1752, âgée d'environ 74 ans, inhumée aux Cordeliers, dans la sépulture de MM. Martineau.

1708. — MARTINEAU Nicolas, sieur de Méré. — Il était fils du sieur Edme Martineau, conseiller honoraire, et de dame Germaine Berault ; il a succédé à Octave Seurrat, suivant ses provisions du 29 janvier et acte d'installation du 8 mai 1708. Il est décédé à Paris, le 20 janvier 1736, et inhumé en l'église de Saint-Sulpice.

N'a point été marié.

1710-1711. — BERAULT Germain, conseiller clerc. — Il était conseiller clerc, diacre et chanoine de la cathédrale, frère de Prix Berault, et de ladite Marie-Anne Berault, épouse du sieur Claude Martineau Deschesnez ; il succéda à Louis le Roy, suivant ses provisions du 19 avril 1710 et installation du 4 février 1711. Il mourut subitement le 29 décembre 1742, inhumé à la cathédrale.

1711. — MARIE Claude, deuxième du nom. — Il était fils de Thomas, avocat du roi, et de Marie Briand de Fortbois, sa première femme ; il a succédé à Claude premier, son aïeul, suivant ses provisions du 30 janvier 1711, réception et acte d'installation du 11 mars suivant. Il s'est ennobli par une charge de secrétaire du roi près le Parlement de Dijon, dont il obtint ses provisions le 26 août 1747, et en a prêté serment le 28 dudit mois par devant le sieur Robinet de la Coudre, commis à cet effet par M. le chancelier, suivant les lettres dudit jour 26 août 1747. Il est mort à Saint-Amand, au mois de septembre 1749.

Billetout Marie-Anne, sa femme ; elle est fille de M. Billetou, advocat et receveur des décimes du diocèse, et de Françoise Paulmier.

1713-1714. — CAMELIN Roch. — Il a succédé à Etienne Lemnet, aïeul maternel de sa seconde femme, suivant ses provisions du 6 août 1713 et installation du 12 janvier 1714. Décédé le 12 décembre 1761, âgé d'environ 80 ans, inhumé à Saint-Eusèbe ; il était doyen. Charge supprimée.

Billetou Charlotte, sa première femme, sœur de ladite Marie-Anne; Chapotin Gabrielle, sa deuxième femme, petite-fille maternelle dudit Etienne Lemnet, conseiller, doyen ; morte en 1750, inhumée à Saint-Eusèbe.

1714. — MARTINEAU Gaspard, sieur de Gurgy. — Il était fils de M. Edme Martineau, conseiller sur le fait des aides, etc., et de Germaine Berault, frère de Nicolas Martineau, de Méré, et de René Demontenay ; il a succédé au sieur Charles Berault, son oncle maternel ; ses provisions sont du 7 avril 1714 et installation du 8 août même année. Il se démit en faveur de Nicolas-Gaspard Martineau de la Villotte, son fils aîné, en 1749 ; il obtint des lettres de vétérance la même année. Il a exercé sa charge pendant trente-six ans ; il mourut subitement le 8 janvier 1751, et est inhumé au chœur des R. P. Cordeliers, en la sépulture de MM. Martineau.

Lecourt de Béru Gabrielle-Nicole, sa femme ; elle est fille de M. Etienne Lecourt, seigneur de Béru et Poilly en partie, chevalier de l'ordre de Saint-Lazare et de Jérusalem, receveur des tailles de Tonnerre, et de demoiselle Bogué de Franchy, sœur de la première femme du sieur Nicolas Chapotin, de Rouvray. Décédée le 26 octobre 1770, inhumée aux Cordeliers.

1716-1717.— Marie Nicolas. — Il a succédé audit Jean, son père, suivant ses provisions du 9 décembre 1716 et installation du 25 février 1717. Il est décédé le 8 février 1754, inhumé à Saint-Pierre-en-Vallée. Charge supprimée.

Mouillé Marguerite, sa femme, fille du sieur Mouillé, lieutenant en l'élection de Gien.

1717. — Chapotin Jean-Jacques. — Il était fils du sieur Nicolas premier du nom ; il a succédé à Nicolas Jodon, suivant ses provisions du 4 mai 1717, installation du 30 août suivant. Il est décédé le 23 juin 1731 et inhumé à Saint-Pierre-en-Vallée.

Evrard Geneviève, sa femme, fille du sieur Evrard, officier du roi, et d'Anne Petit ; décédée le 23 juin 1782.

1706-1721-1722. — Martineau Jacques, sieur de Soleine. — Il a succédé audit Jacques, son père, dans la charge de conseiller honoraire sur les aides, etc., suivant ses provisions du 22 août 1706, lettres de surannation du 9 janvier 1721, installation au bailliage du 7 janvier 1724. Il décéda à Paris, le 22 juin 1742, et est inhumé à Saint-Séverin.

Regnard Elisabeth, sa femme, fille de Germain Regnard, avocat au Parlement, demeurant à Paris, et de Marie-Thérèse de la Saigne ; elle est décédée le 12 juin 1723, est inhumée aux Cordeliers, dans la sépulture de M. Martineau. D'eux est issue Elisabeth Martineau, morte religieuse aux Dames de la Visitation, à Strasbourg, et Jacques-Edme-Germain Martineau, seigneur de Soleine, conseiller ci-après nommé.

1723. — Lemuet Joseph-Christophe, seigneur de Belombre, Escolives. — Il était fils de Joseph Lemuet, procureur du roi sur les aides, etc., et a succédé audit Joseph, son aïeul, suivant ses provisions et installation du..... février 1723. Cet officier a ensuite été pourvu de la charge de lieutenant d'épée au même siège.

Camusat Anne, sa femme, fille du sieur Antoine Camusat, major de la ville de Troyes et négociant en gros. Décédée le 14 juin 1775, inhumée à Escolives.

1724. — Didelet Pierre. — Il a succédé à Joseph de la Chasse, suivant ses provisions du 26 mai, réception au Parlement du 7 juillet ; il était fils du sieur Didelet, bailli de Maligny, et de demoiselle Pigalle. Ledit sieur Didelet a eu des lettres d'honneur en 1759. Il est décédé en décembre 1760, inhumé à Maligny.

Deschamps Madeleine, sa femme, fille de M. Jean-Germain Deschamps, notaire royal et substitut du procureur de police du roi, et de demoiselle Caillant, morte et inhumée à Maligny en 1731.

1724. — Marie Etienne-Thomas, seigneur de Saint-Georges, ensuite appelé de Vareine. — Il est fils de Thomas-Marie Regnauldin,
deuxième femme, veuve en premières noces de M. Etienne Fernier,
seigneur de Saint-Georges ; il a succédé à Germain Leclerc, suivant ses provisions du 25 juin 1724, et installation du 23 août de
ladite année. Décédé le 25 septembre 1756, inhumé à Saint-Eusèbe.
Charge supprimée par mort.

Briand de Fortbois Monique, sa première femme, fille de Pierre
Briand de Fortbois, sieur de la Patignaire, et de Monique Pomme-
reau, son épouse ; le premier était frère de Claude Briand, président
au Présidial ; elle est décédée le 13 décembre 1726, et est inhumée
à Saint-Eusèbe. Gallois Henriette, sa deuxième femme, fille
d'Ambroise Gallois, receveur des aides de Chablis, et de demoiselle
de Bournonville, décédée le 26 mai 1770, inhumée à Saint-Eusèbe.

1727-1728. — Martineau René, sieur de Montenay. — Il a succédé
à Edme, son père, suivant ses provisions du 25 septembre 1727, et
installation du 21 juillet 1728 ; il s'est marié au mois de janvier 1750,
âgé de 63 ans ; ladite charge de conseiller honoraire supprimée en
1753, la déclaration n'a été enregistrée au Parlement qu'en 1755.
Décédé le 11 décembre 1756, inhumé en l'église des pères
Cordeliers.

Leclerc Jeanne-Catherine, sa femme, fille de Toussaint Leclerc,
greffier de MM. les conseillers honoraires sur les aides, etc., et de
demoiselle Chapotin ; elle a épousé en secondes noces M. Léclopé,
conseiller à la Cour des Monnaies à Paris, en 1769.

1729. — Choppin Melchior. — Il a succédé à Pierre Nizon, suivant ses provisions du 21 octobre 1729, installation du 23 novembre
suivant ; il fut renvoyé au Bailliage pour sa réception. Il est fils de
M. Claude Choppin, commissaire aux saisies réelles et de Germaine
Duvoigne, petite-fille de Melchior Duvoigne, lieutenant particulier.
Il est décédé le 2 décembre 1752, et inhumé à Notre-Dame-la-
d'Hors, sa paroisse.

Marie Françoise, sa femme, fille de Claude Marie, deuxième du
nom, et de Marie-Anne Billetou.

1732-1733. — Potherat Jacques-Jean-Baptiste, sieur de Billy. —
Il a succédé à Nicolas Chapotin, sieur de Rouvray, suivant ses
provisions du 25 septembre 1732, et installation du 26 août 1733 ; il
était fils du sieur Potherat, avocat, et de Jeanne-Germaine Gentil,
fille du lieutenant assesseur de ce nom, doyen de la compagnie en
1761. Décédé le 2 août 1777.

Regnault Marie-Anne, sa femme, fille d'un négociant de cette
ville ; ladite dame décédée le 19 février 1771, inhumée à Saint-
Pierre-en-Vallée.

1733. — Seurrat Octave. — Il était petit-fils de M. Octave Seurrat,
57 conseiller ; il a succédé au sieur Edme Boucher par démission,
suivant ses provisions du 28 juillet 1733, a été renvoyé au bailliage
pour sa réception, y a été reçu, installé les 21 et 26 août 1733, après
ledit Potherat, qui avait été reçu au Parlement le 18 août même
mois. Décédé le 14 juin 1777.

Chrété Perrette, sa femme, fille du sieur Chrété, premier du nom, et prévôt de la maréchaussée d'Auxerre.

1734. — CHAPOTIN Charles. — Fils de Nicolas premier du nom ; il a succédé à Jean-Jacques, son frère, suivant ses provisions du 5 août 1734 ; a été reçu au bailliage le 30 août, et installé le 1" septembre même année. Il a été subdélégué en titre du premier prévôt des marchands de Paris. Il est mort le 29 mars 1753, et inhumé à Saint-Pierre-en-Château. Charge supprimée par mort.

Béranger Anne-Edmée, sa femme ; morte le 10 septembre 1746 et inhumée à Saint-Pierre-en-Château.

1734-1735. — HOUSSET Nicolas-Etienne. — Il a succédé à Jean-Baptiste Pinard, suivant ses provisions du 31 décembre 1734, acte d'installation du 20 avril 1735 ; il était fils du sieur Housset, docteur en médecine. Ledit Nicolas-Etienne a eu des lettres d'honneur en 1760, du 22 août. Décédé en mars 1779.

Chopin Marie-Anne, sa femme, sœur dudit Melchior Chopin, conseiller ; morte le 26 juin 1763, inhumée aux R. P. Cordeliers.

1736. — COULLAULT DE BERRY Gaspard-Nicolas, sieur de l'Epinette. — Il a succédé audit Nicolas Martineau, son oncle maternel, suivant ses provisions du 3 avril 1736, réception au Parlement de juin suivant, suivant acte d'installation des 28 et 29 août dudit an ; il eut des dispenses d'âge pour posséder ladite charge en août 1715 ; il était fils de M. Gaspard Coullault de Berry, avocat en Parlement, et de dame Edmée Martineau, fille d'Edme Martineau et sœur des sieurs Gaspard-Nicolas et René Martineau, conseillers audit siège, inhumés tous deux à Notre-Dame-la-d'Hors ; il se maria le 4 novembre 1755. Supprimé par édit de juin 1771, rétabli par édit d'août 1776 ; doyen de sa compagnie en août 1777, et garde-scel par provision du mois d'août 1777.

Demorphy Suzanne-Anne, de Vézelay, sa femme, fille de M. Guillaume Demorphy, Irlandais de Corke, docteur en médecine, demeurant à Vézelay, et de dame Barbe Bouesnelle, morte en décembre 1753, à Vézelay, inhumée à Saint-Pierre. Ladite Suzanne Anne, décédée le 4 septembre 1759, inhumée à Notre-Dame-la-d'Hors. Son père est décédé le 19 mars 1758 ; sa mère est décédée le 14 mars 1760. Inhumés tous deux à Notre-Dame-la-d'Hors (1).

1736. — POTHERAT Edme-Pierre. — Il a succédé audit Pierre Regnaudin, suivant ses provisions du 10 août 1736, réception du 28 dudit mois, acte d'installation des 20 et 21 novembre dudit an ; il était fils de Edme Potherat, procureur du roi au grenier à sel de cette ville, et de demoiselle Poussard. Il a eu des lettres d'honneur en 1761 ; il est décédé le 4 janvier 1764, inhumé à Saint-Pierre-en-Vallée.

Luillier de Tigy Marie-Jeanne-Françoise, d'Orléans, sa femme, fille de feu messire Samuel Luillier de Tigy, écuyer, seigneur de Tigy, trésorier de France, d'Orléans, et de dame Suzanne Deraucourt, de Gien, sa femme. Décédée le 9 mars 1759, inhumée à Saint-Pierre-en-Vallée.

(1) C'est le père du rédacteur de ce manuscrit.

1737. — **Billetou** Pierre-Claude. — Il a succédé audit Nicolas Chapotin l'aîné, premier du nom, suivant ses provisions du 25 janvier 1737, réception du 9 mars, acte d'installation des 26 et 27 dudit mois dudit an ; fils de Pierre Billetou, lieutenant assesseur d'honneur, et de Marie-Anne Briand de Fortbois sœur du président.

Bargedé de Maillot Edmée-Marguerite, sa femme, fille de Edme Bargedé de Maillot, et de demoiselle Anne-Marguerite Boucher. Le sieur Bargedé était petit-fils de M. Bargedé, assesseur, et fils de Nicolas Bargedé, deuxième du nom, conseiller ; ladite Anne-Marguerite Boucher, fille du feu sieur Boucher, conseiller, morte le 6 décembre en l'année 1748, inhumée à Saint-Eusèbe.

1737. — **Godot** Jean-Baptiste. — Il a succédé à Pierre Chacheré de la Brosse, suivant ses provisions du 17 mai 1737, réception au Parlement du 17 juillet, acte d'installation des 6 et 7 août ; fils du feu sieur Godot, directeur des aides de Tonnerre, résidence à Auxerre. Décédé le 15 avril 1767, inhumé aux R. P. Jacobins, âgé de 67 ans. Charge supprimée par mort.

Jodon Germaine, sa femme, fille de Nicolas Jodon, 82ᵉ conseiller ; décédée le 23 septembre 1767, âgée de 66 ans, inhumée aux R. P. Jacobins.

1741-1742. — **Disson** Edme. — Il a succédé à Jean Chacheré, deuxième du nom, suivant ses provisions du 5 mai 1741, réception du 20 décembre 1741, et installation des 30 et 31 janvier 1742 ; fils de M. Barthélemy Disson, docteur en médecine de cette ville, et de demoiselle Borne, née le 26 février 1714. Supprimé par édit de juin 1771, rétabli par édit de 1776. Décédé le 14 avril 1776, inhumé à Saint-Regnobert.

Godier Marie, de Paris, sa première femme, fille du sieur Godier, marchand de vins à Paris, sœur de la femme du feu sieur Grasset, avocat et bailli de Saint-Germain. Ladite Marie Godier décédée sans enfants en 1739, et inhumée à Saint-Pierre-en-Château. Godot Marguerite, sa deuxième femme, fille de M. Jean-Baptiste Godot, conseiller ci-dessus, et de demoiselle Germaine Jodon ; ils ont été mariés le 16 septembre 1751.

1742. — Il a succédé audit Charles Breuzard, son oncle paternel, suivant ses provisions du 25 janvier 1742, réception au Parlement du 19 février, et acte d'installation des 6 et 7 mars dudit an ; fils de M. Raffin Philippe, avocat, et d'Anne Colinet. Il a eu des dispenses étant âgé de 23 ans 9 mois. Ladite demoiselle Colinet décédée le 7 janvier 1760, inhumée aux Cordeliers ; ils n'ont point eu d'enfants.

Leclerc Anne-Suzanne, sa femme, fille du sieur Leclerc, marchand de bois à Vermenton, actuellement demeurant à Paris, pour la provision de ladite ville ; sœur aînée de Marguerite ci-après, quoiqu'elle n'ait été mariée qu'en 1747.

1743. — **Robinet de Pontagny** Toussaint-Pélerin-Gabriel. — Il a succédé à M. Claude Martineau Deschesnez, son oncle maternel, par démission, suivant ses provisions du 11 mai, réception du 17 dudit mois, et installation des 18 et 19 juin 1743 ; il a eu dispense d'âge, étant né le 16 mai 1719. Fils de M. Toussaint Robinet de Pontagny, procureur du roi de l'Hôtel-de-Ville, subdélégué de M. l'intendant, receveur des décimes du diocèse d'Auxerre, et de demoiselle Edmée Martineau, sœur dudit sieur Deschesnez. Ledit sieur Robinet de Pontagny est actuellement receveur des décimes et subdélégué de l'intendant de Dijon ; ledit sieur a eu des lettres d'honneur en 1776.

Gaudot Madeleine, sa femme, fille du sieur Gaudot, marchand de bois pour la provision de Paris, et de Madeleine Pillard, d'Auxerre ; sœur aînée de la femme de Germaine-Zacharie-Joseph Thierriat, ancien prévôt supprimé en 1745. Décédée le 27 septembre 1782.

1745. — MARTINEAU Jacques-Edme-Germain, seigneur de Soleine. — Il a succédé audit Jacques Martineau, son père, en la charge de conseiller honoraire sur le fait des aides, etc., suivant ses provisions du 8 avril 1745 ; il a obtenu sa réception au bailliage d'Auxerre avec des dispenses d'âge, n'ayant que 22 ans ; sa réception et installation sont des 1ᵉʳ et 3 juin 1745. M. Martineau de Soleine a accepté, en 1760, une charge de conseiller en la Cour des Monnaies à Paris, dans laquelle il a été reçu en novembre même année. Le monarque lui a accordé des lettres d'honneur pour sa charge de conseiller honoraire, quoiqu'il n'ait exercé que 16 ans, qui ont été enregistrées en 1761. Il a vendu en 1781 son office de conseiller en la Cour des Monnaies, et a eu des lettres d'honneur en 1781. Inhumé sous les galeries du grand cimetière.

Leclerc Marguerite, sa première femme, fille du sieur Charles Leclerc, marchand de bois à Vermenton, actuellement demeurant à Paris, et de demoiselle Gaillard. Ledit Leclerc est frère du sieur Ythier Leclerc Decroles ; ladite Marguerite, sœur de Anne-Suzanne, épouse du sieur Louis Raffin, conseiller. Ils ont été mariés en 1745, n'ont eu de leur mariage qu'une fille ; ladite Marguerite est décédée en octobre 1748, est inhumée aux R. P. Cordeliers. Ladite demoiselle Martineau a épousé, en novembre 1766, M. Gauthier, conseiller au Parlement de Dijon en 1781. Robinet de Pontagny Edmée, sa deuxième femme, fille du sieur Toussaint Robinet de Pontagny, procureur du roi en police, subdélégué et receveur des décimes ; ils ont été mariés en janvier 1750 ; elle était auparavant veuve du sieur Thierriat, seigneur de Poilly, capitaine de vaisseau marchand, mort aux îles Bourbon.

1746. — DESPATIS Etienne, sieur de Fourillon et Chareuil. — Il a succédé à Germain Berault, conseiller-clerc, suivant les dispenses qu'il a obtenues pour posséder pendant sa vie seulement ladite charge de conseiller-clerc, quoique marié ; ses dispenses sont données par le roi Louis XV, au camp de Bort en Flandre, le 4 juillet 1745 ; les provisions sont du 19 août dudit an, réception au Parlement du 4 février 1746, son installation au Bailliage des 1ᵉʳ et 2 mars de la même année. Il est natif de Clamecy en Nivernais ; ils n'ont point eu d'enfants ; décédé le 29 novembre 1775. Charge supprimée par édit de juin 1771, rétablie par édit de 1776 en août, dont M. Despatis de Courteille a été pourvu par dispense.

Richer Marie-Eugénie, sa femme, fille de Jean-Baptiste Richer, officier de bourgeoisie, et de Jeanne-Marie May, nièce de Claude Richer, lieutenant criminel et actuellement honoraire.

1747. — Robinet Pierre, sieur de la Coudre. — Il a succédé à Ythier Leclerc Decroles dans la charge de conseiller sur le fait des aides et tailles, suivant ses provisions du 2 juin 1747 ; il a obtenu son renvoi, il a été reçu au Bailliage, et installé les 20 et 21 dudit mois de juin ; il est né en décembre 1720. Fils de Jean-Baptiste Robinet de la Coudre, conseiller supprimé, et de Germaine Chrétien. Supprimé par édit de mai 1771, finances remboursées de 9,000 livres par la province ; rétabli par édit d'août 1776.

Coly Marie-Thérèse, sa première femme, fille du sieur Jean-Pierre Coly, banquier à Paris, et de Marie-Madeleine Frémin ; ladite Marie-Thérèse, décédée le 23 décembre 1750, inhumée à Notre-Dame-la-d'Hors ; elle a laissé deux filles. Villain de Bréande, sa deuxième femme.

1749. — Martineau Nicolas-Gaspard, sieur de la Villotte. — Il a succédé audit Gaspard Martineau, son père, dans la charge de conseiller honoraire sur le fait des aides, tailles, etc., suivant ses provisions du 8 août 1749. Il a obtenu son renvoi au Bailliage, où il a été reçu et installé les 26 et 27 août dudit an ; il est né le 21 avril 1724, décédé le 31 décembre 1781. Supprimé par édit de mai 1771, remboursé par la province de 9,000 livres ; rétabli par édit d'août 1776.

Richer Perrette-Germaine, sa femme, fille de M. Pierre Richer, avocat au Parlement et lieutenant aux eaux et forêts du Bailliage, comté d'Auxerre et Donziois, et de demoiselle Suzanne Petit ; ils ont été mariés le 28 janvier 1749.

1751. — Marie Claude-Edme-Thomas. — Il était fils de Claude Marie, 100e conseiller, auquel il a succédé, suivant ses provisions du....., acte d'installation au Bailliage du 31 mars 1751 ; il est aussi avocat du roi depuis 1735, ayant obtenu de Sa Majesté des lettres de compatibilité, sans pouvoir cependant connaître des affaires qui auront été communiquées au Parquet

Robinet de la Coudre Edmée, sa femme, fille de M. Jean-Baptiste Robinet de la Coudre, conseiller doyen ; sœur du sieur Pierre Robinet de la Coudre, conseiller sur le fait des aides et tailles.

1752. — Villetard Edme-Pierre, sieur de Prunier. — Il a succédé à Joseph-Christophe Lemuet, seigneur de Belombre et d'Escolives, en la charge de conseiller honoraire sur le fait des aides et tailles, suivant ses provisions du........ 1752 ; il a été reçu et prêté serment au Présidial le 15 novembre 1752 ; il a eu dispense d'âge, étant né le 5 décembre 1729. Il était fils d'un commissionnaire en vins et depuis ennobli. Supprimé par édit de 1771, au mois de mai ; remboursé par la province 9,000 livres ; rétabli par édit d'août 1776.

Germain Marie-Anne, sa femme, fille du sieur Germain, de Coulanges-sur-Yonne, marchand de bois ; mariés en 1755 à Coulanges.

1755. — Raffin Louis-Philippe. — Il a succédé à Melchior Chopin, suivant ses provisions du 28 septembre 1754, lettres de dispenses de parenté du 2 octobre 1754, reçu au Parlement le 14 décembre 1754, installé en la Chambre du Conseil le 18 février, à l'audience du 19 dudit mois 1755. Il est né le 2 septembre 1726 ; frère de Louis Raffin, conseiller.

Germain Marie-Cécile, de Coulanges-sur-Yonne, sa femme, sœur de la dame Germaine Villetard, ci-dessus, et de dame Thierriat, de la Maison-Blanche ; décédée le 26 juillet 1768 inhumée aux Cordeliers.

1755. — BAUDESSON Pierre-Henri. — Il a succécé à Pierre Baudesson, son cousin au 4e degré, suivant ses provisions du 21 décembre 1754, dispense d'âge du même jour, reçu et prêté serment au Présidial le 18 février 1755, et installé le 19 dudit mois ; il est né le 10 octobre 1734. Fils de M. Jean-Claude Baudesson, écuyer, et de dame Marie Duché ; petit-fils de M. Edme-Jean Baudesson, maire de cette ville, actuellement en place. Ladite charge supprimée par une délibération de 1753, enregistrée en 1755, au mois de mars, au cas qu'elle tombe aux parties casuelles. Il a eu des lettres de vétérance en 1779. Ledit sieur Pierre-Henri Baudesson a remplacé par démission M. Jean-Claude Baudesson en la place de maire d'Auxerre en mai 1781.

Darboulin Charlotte-Marie-Eléonore, de Paris, sa femme, mariés à Paris le 23 mai 1769.

1759. — DIDELET Pierre-Jean. — Il a succédé à Pierre Didelet, son père, suivant ses provisions du 28 mars 1759 ; reçu et prêté serment au Parlement le 6 avril dudit an, installé les 10 et 11 juillet 1759. Il est né le 11 juin 1725. Supprimé par édit de juin 1771, rétabli par édit d'août 1776. Décédé à Maligny, le 26 avril 1779.

N'a pas été marié.

1760. — HOUSSET Claude-Etienne. — Il a succédé à Nicolas-Etienne, son père, qui a eu des lettres d'honneur ; ses provisions sont du 22 avril 1760, reçu au Parlement le 1C juillet 1760 ; son extrait baptistaire est du 23 février 1735 ; il a été installé le 29 août 1760 aux sièges du bailliage du présidial. Supprimé par édit de juin 1771, rétabli par édit d'août 1776.

Berillon, sa femme, fille du sieur Berillon, du Mont-Saint-Sulpice, marchand de bois ; décédée le 4 septembre 1776, inhumée aux Cordeliers.

1761. — HAY Etienne-Germain. — Il a succédé à Jacques-Edme-Germain Martineau de Soleine, conseiller à la Cour des Monnaies de Paris ; ses provisions sont du 13 janvier 1761 ; il a prêté son serment au Bailliage le 19 janvier 1761, et installé au Présidial le 21 dudit mois et an ; il est né le 27 septembre 1732 ; fils du sieur Hay, avocat, et de demoiselle Leblanc. Supprimé par édit de mai 1771, remboursé par la province 9,000 livres ; rétabli par édit d'août 1776.

Villetard Pierre-Anne, sa femme, fille du sieur Villetard, ci-devant commissionnaire en vins et actuellement secrétaire du roi, et sœur du sieur Villetard-Prunier, conseiller honoraire ; mariée le 27 janvier 1761.

1761. — BONNET DE MONTBARON Charles-Claude. — Il a succédé par résignation à Edme-Pierre Potherat, suivant ses provisions du 13 janvier 1761 ; il a prêté serment au Parlement le 24 janvier 1761, et a été installé en la Chambre du Conseil le 10 février, à l'audience présidiale le 11 dudit mois 1761. Il est né le 17 novembre 1735 ; fils du sieur Bonnet, marchand de bois à Clamecy, et de dame Pétronille Trousseau ; marié le 4 novembre 1760 ; mort à Clamecy le 10 juillet 1769. Charge supprimée par mort.

Depincemaille Louise, sa femme, fille du sieur Depincemaille, receveur des consignations du bailliage d'Auxerre, et directeur des aides ; elle a épousé en secondes noces le sieur Villetard l'aîné, négociant en gros, en 1779.

1766. — ROBINET DE PONTAGNY Nicolas-Joseph-Edme. — Il a succédé à M. Toussaint-Pélegrin-Gabriel Robinet de Pontagny, son père, par acte de résignation, suivant ses provisions du 15 janvier 1766 ; il a eu des dispenses d'âge, étant né le 5 décembre 1745, enregistrées au Parlement le 20 février 1766, réception au Parlement le 28 février dudit an, dont l'arrêt fait mention qu'il est digne de plus grandes charges ; installé au bailliage le 18 mars 1766, et le 19 à l'audience. Supprimé par édit de juin 1771, rétabli par édit d'août 1776.

Despatys Marie-Jeanne, sa femme, mariés le 9 janvier 1775.

1777. — MARIE DE LA FORGE Anne-Etienne. — Il a succédé à M. Disson ; ses provisions sont du 20 août 1777, réception au Parlement du 30 dudit mois, son installation au Bailliage du 12 novembre 1777. Il est né le 26 décembre 1748 ; fils de M. Marie de Saint-Georges, conseiller, et de dame Henriette Gallois.

Coulard, sa femme, fille du sieur Coulard, avocat.

1772. — SEURAT Octave. — Il a succédé à Octave Seurat, son père ; provisions du 18 décembre 1776, sa réception au Parlement du 19 décembre 1777, installation en la Chambre du Conseil et à l'audience le 21 février 1778. Né le..... septembre 1728.

Pasqueau, sa femme, fille de M. Pasqueau, procureur au bailliage et présidial d'Auxerre. Mariés en février 1780.

1775. — RAGON DE LA PRUSSERIE Claude. — Il a succédé à Pierre-Henri Baudesson, par acte de résignation ; ses provisions sont du 25 février 1778, sa réception, prestation de serment au bailliage du 8 avril 1778, et installation du même jour. Il est né le 3 juillet 1738 ; fils du sieur Ragon, avocat, de Villiers-Saint-Benoît ; décédé le 24 août 1781.

Martineau Deschesnez, sa femme, fille de M. Martineau Deschesnez, avocat du roi au Bailliage et Présidial, et sœur du sieur Martineau Deschesnez, avocat du roi, et depuis lieutenant criminel, en 1780.

1779. — SOUFFLOT DE MÉRÉ Pierre. — Il a succédé à Jacques-Jean-Baptiste Potherat de Billy, par acte de résignation des héritiers ; ses provisions sont du 28 juillet 1779, prestation de serment au Parlement du 21 août 1779, installation au Bailliage et Présidial des 31 août et 1er septembre 1779 ; il eut des lettres de dispense d'âge, étant né le 20 mars 1760. Fils du sieur André Soufflot, marchand en gros et conseiller de la ville d'Auxerre, et de dame Thérèse Bailli.

Despastis de Courteille, sa femme.

1783. — CHOPIN DE MÉRÉ Jean-Baptiste-François. — Il a succédé à Pierre-Jean Didelet, son oncle maternel ; ses provisions sont du 13 août 1783, réception au Parlement du 22 août dudit an, réception et installation au Bailliage et Présidial du 6 août 1783. Né le 20 août 1757.

RESTAURATION

DE

SAINT-MICHEL DE TONNERRE

ET

SAINT-PIERRE DE MOLOSMES

(1501-1516)

DOCUMENTS RECUEILLIS

PAR

M. MOLARD

ARCHIVISTE DE L'YONNE

Extrait du *Bulletin Archéologique*, n° 2, 1891.

PARIS

ERNEST LEROUX, ÉDITEUR

28, RUE BONAPARTE, 28

1891

RÉPARATION ET RECONSTRUCTION

DES

ÉGLISES DE SAINT-MICHEL DE TONNERRE

ET DE

SAINT-PIERRE DE MOLOSMES

(1501-1516)

RÉPARATION ET RECONSTRUCTION

DES

ÉGLISES DE SAINT-MICHEL DE TONNERRE

ET DE

SAINT-PIERRE DE MOLOSMES

(1501—1516)

Communication de M. Molard, correspondant du Comité à Auxerre.

Les documents que nous présentons ici sont au nombre de onze, et vont, comme dates extrêmes, de 1501 à 1516. Les six premiers traitent de la réparation complète, ou plutôt de la reconstruction de l'église Saint-Michel de Tonnerre, les cinq autres concernent une abbaye voisine, Saint-Pierre de Molosmes. Ces documents proviennent de protocoles de notaires, conservés aux Archives de l'Yonne et cotés H. 2161, 2162 et 2163. Ils nous paraissent, au point de vue de l'archéologie et de l'histoire de l'art à cette époque, dans le Tonnerrois, d'une certaine importance. On y trouvera non seulement des détails techniques intéressants pour le constructeur, mais encore des renseignements très curieux sur la manière dont les grandes entreprises de bâtiments étaient conçues et mises en œuvre au début du XVIᵉ siècle.

Le premier de ces titres (1501, 1ᵉʳ décembre) est une augmentation d'un marché fait auparavant entre Étienne de Nicey, abbé de Saint-Michel, et Laurent Germain, maître maçon au comté de Tonnerre, pour la reconstruction et réparation des cloîtres de l'abbaye. Ce premier marché n'a pu être retrouvé.

Le second (31 mai 1503) est le marché passé entre les mêmes personnages pour l'entière reconstruction et réparation de l'église Saint-Michel. Ce titre, de tous les onze, est assurément le plus curieux et le plus fécond en informations de tout genre.

Le troisième, le quatrième et le cinquième (1503, 1512 et 1513) sont des traités entre ledit Étienne de Nicey et divers artisans, pour le blanchissement des cloîtres et de l'église neuve de l'abbaye. Il semblerait que, de ces trois actes, le premier et le dernier seuls aient été suivis d'effet, parce que les contractants du second n'ont pu remplir les conditions exigées.

Enfin, le sixième document, du 20 juillet 1513, est un règlement de compte définitif entre l'abbé de Saint-Michel et Guillaume Sellier, maître verrier demeurant à Tonnerre. On y voit qu'à cette époque le numéraire étant encore assez rare, malgré la récente découverte de l'Amérique, les paiements se faisaient en partie en nature. D'autre part, chose qui a dû être assez peu fréquente, même au moyen âge, Guillaume Sellier abandonne à la fabrique une partie assez importante de son salaire en pur don. Comme pour la réfection des cloîtres, on ne retrouve pas le marché primitif de cette entreprise de verrerie.

Le septième numéro de nos documents, daté du 22 juillet 1514, a trait, ainsi que les suivants, à l'abbaye de Saint-Pierre de Molosmes-la-Fosse[1]. Le même Étienne de Nicey, qui en était devenu commendataire, traite avec le Lorrain Didier Vaterin pour d'importantes réparations à exécuter à l'église de ce monastère, réparations équivalant à peu près à une réfection complète. Suit le décompte de ce que Didier Vaterin, a reçu le 17 janvier 1514 (v. s.), tant en argent qu'en nature. Puis viennent les marchés de charpenterie pour couvrir ladite église (30 décembre 1514), le compte des ferrures employées dans le monument (10 novembre 1514), et enfin le traité pour la remise à neuf des cloches que l'on doit entonner en *mi* et en *ré* (1516, 1er septembre). Le règlement des frais de cette réparation termine la série de nos documents.

~ Étienne de Nicey, dont il est ici question fut, en 1494, le dernier abbé élu de Saint-Michel.

Il appartenait vraisemblablement à une famille du pays[2]; nous trouvons en effet, sans le compter, deux abbés de Molosmes qui portaient son nom. C'étaient l'abbé Étienne Ier de Nicey, en 1458, et Jean de Nicey, en 1477. Étienne II de Nicey avait en outre un neveu, Claude de Nicey, qui, d'abord infirmier de Molesme, avait obtenu l'office de cellérier et le prieuré de Jully, qui y était annexé par commutation.

Pendant les pestes et autres épidémies qui désolèrent la ville de Tonnerre, Étienne II de Nicey se retira avec ses gens et ses équipages chez son neveu Claude de Nicey. Celui-ci le reçut fort bien, mais lui réclama une indemnité de 100 livres tournois, payée le 30 mai 1523, par 50 écus d'or au soleil.

[1] Il s'agit ici de la seconde église de ce monastère dédiée à saint Martin.

[2] Le 20 novembre 1389, l'abbé Bertrand de Dracey, en considération des bons services des écuyers Pierre et Guillaume de Nicey, leur transmet les droits de mainmorte à lui acquis dans la ville de Pimelles sur les héritiers de Pierre Le Cormiot.

Ce Claude de Nicey eut de bien singulières aventures. En mai 1514 il fut, comme nous l'avons dit, pourvu du prieuré de Jully. Au bout de dix-sept ans de paisible possession, il se vit disputer ce bénéfice par un prêtre du nom de Guillaume de Lateranne, qui l'avait obtenu, comme vacant, du chancelier de France. Le premier titulaire, aidé de l'abbé de Molesme et de ses religieux, opposa une très vive résistance, et les choses allèrent même si loin, qu'en 1538 Claude de Nicey fut accusé de lèse-majesté, et que le parlement de Paris enjoignit à ses adhérents, comme Mathieu de Fussey et autres religieux de Molesme, d'avoir à vider les lieux sous peine de la hart.

Le chancelier de France, pour soutenir la validité de sa nomination, prétendait que les comtes de Tonnerre avaient toujours eu la garde de l'abbaye de Molesme et du prieuré de Jully, sa dépendance immédiate, et qu'en 1420 un abbé de Molesme, profitant de ce que Jean de Châlon, comte de Tonnerre, qui suivait le parti royal, avait été, six ans auparavant, dépossédé par les Bourguignons, s'était permis d'impétrer et d'obtenir de Charles, évêque de Langres, des lettres d'union de ce bénéfice à l'office de cellérier de ce monastère, contre toute justice et tous droits.

Étienne de Nicey fut le vrai restaurateur de l'église Saint-Michel, comme on peut le voir dans les actes précédents. Elle fut reconstruite en pierres de la carrière d'Angy. La dépense en blé, vin et numéraire, s'éleva à environ 40,000 livres tournois, somme relativement considérable, si on la compare à la valeur de l'argent au commencement du XVIe siècle, époque à laquelle les mines du Nouveau Monde n'avaient pas déversé sur l'ancien cette quantité de numéraire qui devait abaisser la valeur des métaux monnayés. Il faut encore y ajouter le prix des bois et autres objets fournis par l'abbaye, et de plus les dons faits par différentes personnes, et notamment par le moine Jean Gruot, chambrier du monastère, mort à la fin de 1518.

Le sanctuaire élevé de dix degrés au-dessus du chœur en était séparé par une grille merveilleusement ouvragée ; le maître-autel était dû à dom Chaudot, procureur. Lors de la Révolution, il a été transporté à l'église paroissiale de Saint-Pierre avec une partie des stalles. Ces stalles, assez soignées, étaient surmontées d'une belle boiserie qui encadrait les images sculptées du Sauveur, de la Vierge, des Apôtres et des Docteurs de l'Église. Cette église fut consacrée le 8 mai 1519. Elle fut couverte en plomb et en ardoise en 1521.

Étienne de Nicey fit aussi rebâtir les cloîtres, presque entièrement tombés. La maison conventuelle fut reconstruite presque en totalité. On y ajouta un réfectoire, une salle pour le chapitre, une pour les archives. Un nouveau clocher fut édifié. La flèche était faite d'un seul arbre, pris dans la forêt de Sorberoy, connu sous le nom de *beau chêne*. Un violent orage l'endommagea en 1522, elle fut de suite réparée.

Quatre cloches neuves furent établies dans le clocher. La plus belle, fondue le 15 février 1522, et baptisée le 6 mars, sous le nom de *Michelle*, descendue en 1789, fut transportée à Sens, d'où elle a été ramenée à Tonnerre, et placée dans la tour de Notre-Dame. Une autre avait dû être envoyée à Troyes, peu après avoir été fondue, afin d'être vendue, et le prix servir à acquitter une partie des droits énormes que le fisc réclamait pour l'amortissement des propriétés de l'abbaye.

Reprenant l'idée d'un de ses prédécesseurs, l'abbé Pierre de Gissey [1], Étienne, fit rédiger le cartulaire de son abbaye, qui se trouve actuellement à la Bibliothèque de Tonnerre. Il devint aussi abbé commandataire de Saint-Pierre de Molosmes, suivant les usages du temps. On ignore précisément à quelle date. Ce qui est certain, c'est que le 4 mai 1516, le curé d'Estorny lui prêtait serment de fidélité en cette qualité.

Il paraît toutefois que plus tard, par scrupule de conscience, et la commande n'étant point encore entrée dans les mœurs du clergé, il se démit de cette abbaye. De même qu'à Saint-Michel, la conduite d'Étienne de Nicey fut à Molosmes celle d'un réparateur et d'un restaurateur. Il reconstruisit l'église Saint-Martin. Elle sert aujourd'hui d'église paroissiale sous le vocable de saint Marcel. Quant à l'église du monastère primitif, abandonnée dès la fin du XIIe siècle par la majorité des moines, elle était dédiée à saint Pierre, et se trouve aujourd'hui détruite. On prétend qu'Étienne de Nicey y eut sa sépulture. Son successeur à l'abbaye de Molosmes fut Louis d'Arnouville, que l'on voit figurer dans nos actes. Celle de Saint-Michel fut résignée par lui vers 1531 en faveur de son neveu Ogier de Nicey. Il mourut peu après.

L'histoire de ces deux abbayes, dont il ne reste pas aujourd'hui pierre sur pierre, a été racontée d'une façon assez complète, quoique trop confuse, par M. Le Maistre, dans les *Annuaires* de l'Yonne de 1843 et de 1845.

Les chartriers de ces monastères, réduits à de misérables débris,

---

[1] Ce prélat fit transcrire en un volume les chartes les plus importantes de l'abbaye entre 1143 et 1159. Ce premier cartulaire de Saint-Michel fut perdu en 1349 durant le siège de Tonnerre.

nt conservés aux Archives départementales, sauf le volumineux
rtulaire de Saint-Michel, que l'on garde à la Biblothèque de
onnerre.

Francis MOLARD.

I

1501, 1er décembre.

ugmentation d'un marché[1] fait auparavant entre Étienne de Nicey, abbé de
Saint-Michel de Tonnerre, et Laurent Germain, maître maçon au comté de
Tonnerre, pour la reconstruction et réparation des cloîtres de l'abbaye.

L'an mil cinq cens et ung, le premier jour du moys de decembre, furen
resens en leurs personnes, Reverend pere en Dieu, monseigneur Estienne
e Nicey, licencié en decret, abbé de Sainct-Michel dessus Tonnerre d'une
art, et Laurent Germain, maistre maçon en la conté de Tonnerre, d'autre
art : lesquelles parties entre elles ont fait les marchez et accordz qu'ilz
'ensuyvent, touchant le cloistre dudict Sainct-Michel, en ensuyvant le
remier marché, jà pièça fait et passé par icelles parties, en la presence
de Anthoyne Myhonnet, notaire juré audict Tonnerre. Assavoir est que
parce que ledict Laurent Germain a fait et adjousté audict cloistre deux
croisées, oultre et par dessus le premier marché dessusdict, desquelles
deux croisées lesdictes parties n'avoient fait aulcune convenance, et en
estoyent en quelque different. Et depuys a esté advisé par gentz sages et
notables personnes qu'il seroit bien nécessité pour le proffit et honneur
desdicts cloistres, d'y adjouster derechief aultres deux croisées, c'est
assavoir à chascun des longs pendz une croisée. Et à ceste cause, ledict
Laurent, de sa certaine science, grey et voulunté, sans contrainete, a
marchandé de faire et parfaire, oultre les choses contenues oudict premier
marché et aultres choses ycy dessus divisées, adjouster, faire et parfaire
ausdicts cloistres les choses cy après divisées : assavoir est en chascun
des deux longs pends une croisée selon l'ordonnance dudict premier
marché, et moslures divisées en icelluy, garnies de pavé à l'equipolent
de l'aultre besoigne. Item, reparera la porte de Sainct-Nicolas et la porte
Sainct-Michel, joignant es boutz de l'alée dudict cloistre attenant de
l'esglise. Et en chascune desdictes portes, fera montée de degrez en demy-
rond, et en montent selon ce que la besoigne le requerra. Item, en la chappelle des orgues, fera une bée sans maynneau au pignon près la montée

[1] Ce premier marché n'a pu se retrouver.

des orgues, bonne et large, pour alumer en ladicte chappelle. Item, joignant ledict pignon, fera un arno ou voste de pierre de taille en l'antrée qui est par où l'on passe de ladicte chappelle des orgues en la nef de l'esglise, qui est de present couverte de boys. Et avec ce, pavera le chapitre et parloer ainsin qu'ilz se comportent, et à nyveau, sans y faire pas ne marche, se bonnement faire se peult. Et sy fault auleungs sieges esdictz chapitre et parloer, tables ou glacis es bées ou fenestres, y sera tenu les faire bien et honnestement, et garnir de petis pilliers lesdictes bées où il appartiendra par raison. Oultre sera tenu de faire les degrez, maçonnerie et bricqueries qui eschéent à faire depuys l'estude de dessus l'alée jusques ausdictz cloistres. Et aussy sera tenu faire une montée de degrez de pierre de taille pour monter depuys le derrenier huys de la salle, jusques à certain petit huys neuf par luy fait pour entrer dedans lesdicts cloistres. Et finablement oultre les curées qu'il est tenu de faire, sera tenu faire aultres curées, en et partout la nouvelle besoigne dedans œuvre, et charier le butin hors l'abbaye ès crotz et lieux qu'ilz seront convenables. Et fornira le forestage de toute pierre de taille, ainsin et en la maniere qu'il est divisé audict premier marché. Moyennant ce que ledict Reverend abbé sera tenu luy payer pour les choses cy dessus divisées, et aussy pour les choses adjoustées en ladicte besoigne, oultre et pardessus le premier marché, la somme de huit-vingtz livres tournois, douze muydz de vin de boisson, et huit septiers de froment, à payer selon ce qu'il besoignera en ladicte besoigne. Et ainsin qu'il se hastera de besoigner, on le payera. Si comme disoit ledict Lorent dont etc., obligeant corps et biens etc., renonçan etc. Fait ès presences de messire Didier Roy prebstre, Guillaume Sellier, verrier de Tonnerre.

Signé : Hugot, prebstre et notaire,

Signé : Loren Germain.

(*Arch. de l'Yonne*, H. 2161, p. 229.)

II

31 mai 1503.

Marché passé par Étienne de Niccy, abbé de Saint-Michel de Tonnerre, et Laurent Germain, maître maçon au comté de Tonnerre, pour l'entière reconstruction et réparation de l'église dudit Saint-Michel.

A tous ceux qui ces presentes lectres verront, Titus de Fontaynes' escuyer, seigneur d'Yroir et de Drouay, cappitaine de Tonnerre et garde des ceaulx de la prevosté de ce lieu pour hault et puissant seigneur monseigneur Loys compte dudict Tonnerre et seigneur de Sainct-Anyen en Berry, salut. Savoir faisons que par devant Anthoyne Myhonnet, clerc juré en ladicte prevosté comparust personnellement Revcrend pere en Dieu Monseigneur Estienne de Nicey, licencié en decret, abbé de Saint-Michel sus Tonnerre, d'une part, et Laurens Germain, maistre masson ou compté dudict Tonnerre d'autre part. Lesquelles parties recongnurent et confesserent avoir fait par devant ledict juré et en sa presence le marché, convenance et traicté pour la besoigne de l'eglise dudict Sainct-Michel en la maniere qui s'ensuyt : Assavoir est que ledict maistre Laurens a promis et marchandé audict Reverend abbé d'abbatre et ruer par terre la tour en laquelle sont les cloches dudict Sainct-Michel, la croppe et creusées à l'environ de ladicte tour, de comble en fons, touchant la massonnerie, ensemble les austelz, masses, tumbes, pavez, seppultures et autres pierres ; et le tout detourner et mectre en lieu seur et convenable, pour remployer au prouffit de ladicte neusve besoigne qu'ilz entendent a faire. Et est telle : que ledict Laurens est et sera tenu de faire une croppe, une tour à mectre les cloches ; ensemble deux croysées, assavoir une desdictes creusées devers le cymytiere, et l'autre devers le dourtoir, avec la chappelle Nostre-Dame qui se erigera avec ladicte croisée qui sera joignant du dortoir. Et en ce faisant, erigera une vitz pour monter au dortouer, et d'illec jusques à la haulteur de ladicte croysée, en tirant et pour aller à la tour desdictes cloches. Laquelle vitz et tour, il garnira d'uysz, fenestres et marches où elles seront necessaires et utilles. Item garnyra ladicte croysée d'icelle chappelle Nostre-Dame, la croppe, ensemble la croisée devers le cymitiere, de betz, pilliers et ramplages partout où il appartiendra. Et erigent les pilliers de ladicte croppe, sera tenu de faire des larmiers pour alumer en la crothaygne quel demeure en son entier. Et en erigent iceulx pilliers sera tenu de asseoir et faire des chaires de pierre de tailhe pour le presbtre et ministres, et icelles asseoir entre le plain pan de la croisée devers le cymetiere, et le premier piller de ladicte croppe garnys de marchepiez. Et entre ledict premier pilher et le segond ensuyvant, en tirant au cul d'icelle croppe, fera ung lavabo ou pissyne pour servir au grant autel. Et entre les autres pilhers de ladicte croppe fera des arvotz et voultes pour asseoir des aultiers. Et entre le dernier pillier de ladicte croppe et ladicte chappelle Nostre-Dame, fera ung tresor bon et convenable pour mectre les reliquayres et joyaulx de ladicte esglise asseurté, le tout garnys d'uys et larmyers pour entrer, sallir et bailher ayr au dict trésor. Et au plain pan de ladicte chappelle Nostre-Dame, du cousté de ladicte croppe, et de la part de grant austel, fera unes armoyres de pierre de tailhe, et de l'autre part d'icelluy pan ung lavabo, pour servir à l'autel de ladicte chappelle Nostre-Dame. Et fera ladicte croppe à troys pans ; et entre la clef de l'arc d'icelle croppe, et le premier dobleau de la tour, fera une croisée simple en croix sainct André, garnye de pilhers convenables. Et montera la besoigne et voulte de ladicte croppe et croisée de sept a huyt toises dès les pave assis sus la crostaignes jusques aux clefz desdictes voultes. Et sus les quatre ars doubleaus de la creusée du mislieu, se assearra, fondera et fera une tour carrée ou à pans, sellon qu'il sera le plus utille, de aulteur con-

venable, sellon le toict et esglise, pour mectre et asseoir la sonnerie de
ladicte esglise. Et laquelle tour sera garnye de betz et ramplages estables,
encorbeletz, avecques tout le ron et environnement de toute ladicte besoigne, le tout de pierre de tailhe. Et laquelle tour sera de massonnerie
usques au glassitz des betz, et d'illec en avant toute de pierre de tailhe.
Et sur la fin des gros pilhers, devers la nefz, il laissera nayssances de
tatz de charge et atantes, pour ensuyvre, achever et faire la nefz et
basses voultes à l'avenant dudict cueur le temps advenir. Lesquels pilhers
d'un costé et d'aultre, icelluy maistre fera tant robustes et vertueulz qu'ilz
pourront soustenir contre la tour et croppe. Et se mestier estoit, du costé
du cymytiere, il fera arc-boutant pour resister et deffendre contre les
voultes. Et fera ladicte croppe en largeur de quatre bonnes toyses dedans
euvre, et les croisées autant; lesquelles il montera d'une mesme aulteur,
et les fera egualles au pavé de la crotayne. Et guarnyra icelle besoigne
de marches et pavé. Et aussera le pavé des chayres de la aulteur de
la quarte marche d'icelle crotayne, en faisant des marches pour entrer
en icelles chayres, par bas, devers les deux petits austiers qui sont au
haut desdictes chayres, en rendant le tout pavé en bonne fasson de
pavé neuf, cy y eschet. Et fera ung huisz pour dessendre en ladicte crotayne, où il sera convenable, avec les marches qui y seront necessaires.
Et rassiera les aultés, masses tombes et sepultures en leurs lieux, et où
il appartiendra, et garnira les aultez, marchepiez, de lavouers, pissines
et reprises pour asseoir les ymages en faisant icelle besoigne. Et garnyra
ladite besongne de mollures bien honnestes, et mesmement la chappelle
Nostre-Dame. Et ou milheu de l'arc doubleau de la tour, fera une clef
persée de largeur telle qu'on vouldra, et sellon la mesure qu'on luy don-
nera. Et fera une sainture en retirant la massonnerie dessoubz les glaciz
des verrieres en fasson de nacelle, et par hors euvre. Et sera tenu fere
closture de mur à matiere ou à sec pour clourre et fermer la nef contre
la besongne demollue, et depuis la quarte du chappitre en tirant à la mu-
railhe qui cloist entre la croppe de l'esglise et la chappelle Sainct-Benoist,
de aulteur convenable, à la seurté et honnesteté de ladicte abbaye et des
religieux d'icelle. Et sera tenu faire le dict maistre Laurens toutes curées
et eschaffault hors et dedans euvre, faire passer le repos pour employer
en mortier, si mestier est, en joignant tout viel ouvraige au neuf, où
mestier sera. Et en ce faisant se aydera de la vielhe pierre où elle sera
convenable à l'euvre. Et fera toute autre besoigne non divisée en ces presentes, necessaires et appartenant à ladicte besoigne. Et de toute la pierre
neufve qu'il fauldra pour la tailhe, pavé, pendens et marches et autres
appartenences à la besongne, sera tenu ledict maistre Laurens fournir le
fouretaige, et ladicte pierre tirée et bien assemilée à la perriere d'Angy,
ou autre perriere convenable. Et seront lesdicts pendans communs sans
tailhe comme les pendans du cloestre. Et quant au charroy d'icelle pierre
et de toutes autres choses, ledict Reverend fournyra sauf la fasson des
cloisz à chaffaulder, cordes et necessaires tant à l'angin que à chauf-

fauder, que ledict maistre Laurens fournyra à ces despens. Et ne se fera aucune taillie de par le cymetiere, mais à l'entour, où seront dechargées lesdictes pierres. Et fera ledict Reverend deux loges pour tailher ladicte pierre et besongner.

Laquelle besongne ledict maistre Laurens rendra toute nepte par dedans, et ostera les batins dedans euvre faicte et parfaicte dedans et dehors, de font en comble de largueur et longueur, de tout ouvraige de son mestier, jusques à blanchir, sans aucune chose excepter. Et fournira ledict Reverend boys convenable à chaffaulder avec un gros angin à lever et pourter pierres et pour les monter; lequel il maintiendra et entretiendra, et ung camyon pour une foys seulement pour toute ladicte besongne. Et le surplus, comme seilles, cyvières et choses semblables do menutz utilz, ledict Laurens le fournira. Et l'une desquelles loges demourera et sera fermée à clef.

Et pour faire et parfaire ladicte besongne, aura ledict maistre Laurens, sept ans à commencer à la Chandaleur, prouchain venant, et d'illec à continuer, sans pouvoir pendant ledict temps, prandre autre charge de massonerie. Et sera tenu ledict maistre Laurens fournir descouvert en perriere particulier, pour charger pierre par les harnoys dudict Reverend. en toutes saisons, sans y fournir autres charretiers que les charretiers dudict reverend. Pour lequel ouvraige et besongne dessusdicts, ledict reverend abbé sera tenu payer, bailher et delivrer audict maistre Laurens, la somme de seize cens livres tournois, dont il luy a payé et bailhé la somme de cent livres pour payer et acquitter certaine maison par luy acquise, de Guillaume de Buranfosse. Lesquelles cent livres sont pour erres et en deducion de ladicte somme; et de laquelle somme de cent livres et plus, il estoit obligé audict Reverend; laquelle obligation demeure acquitée pour ladicte somme de cent livres tournois seulement. Et le surplus ledict Laurens le devra.

Et avec ce, aura, et luy sera tenu payer cent muys de vin de boysson, sain et net, en rendant les vaisseaulx par ledict Laurens. Et s'il advenoit qu'il ne creust pas assez vin au pays, et qu'il fut cher, ledict Reverend sera quicte en bailhant troys francs pour muys, se bon luy semble. Et oultre ledict Reverend sera tenu de bailher et fournir audict Laurens la faryne de six muys de froment, avecques six septiers poys et feves boche a court, pour ledict maistre Laurens au repas ordinaires, avec le logis, vigne et vergier qu'il a accoustumé d'avoir, et le celier que a accoustumé tenir le secretain, et le dernier du comble de la pierre, avec la grant maison de l'enfermerie, sans la volste ne cave, le prey, terre et jardin d'emprès la maison qui a esté brulée, ensemble les fruitz qui y croistront, sauf audict Reverend le champoyage de ses bestes et moutons oudict prey, hors la saison deffendue, quant bon luy semblera.

Et avec ce, aura l'erbe d'un arpent de pré ès aulnez. Et oultre sera quicte set exempt de dismes et rentes de ses heritaiges qu'il doit uict reverendé abbé et ses officiers, durant lesdictes années, pendant lesquelles il aura les prouffitz de la prevosté dudict Sainct-Michel, sellon le marché faict d'icelle audict Laurent sans en riens payer, en la bien et deuement exercent, et gardant les biens à la décharge de la conscience dudict Reverend. Et lesquelles sommes d'argent, quantité de farines et de grain, et choses dessusdictes, luy seront payées en faisant icelle besoigne, et autant qu'il ouvrera. Et s'il advenoit que ledict Laurens voulust rendre ung de ses enffens religieux audict monaistere, il sera receu et administré comme ung des autres religieux d'icelluy lieu, sans aucune chose donner pour ce par ledict Laurens, sy non l'abbit, et son gré et vouienté au demeurant. Et cy pendant icelluy temps, ledict Laurens alloit de vie à trespas, ledict Reverend ne pourra contraindre la vesve ne ses heretiers à parfaire ladicte besongne, fors seulement à rendre ce qu'il pourroit avoir receu, plus que ladicte besongne qu'il auroit faite ne vauldroit. Et s'il avoit plus ouvré que receu, ladicte vesve et heretiers seroient achevés de payer pour autant que l'ouvrage fait vouldroit, au dit de gens ad ce coyngnoissans. Et pour seurté de payement, sera tenu ledict Reverend bailher audict Laurens lectres expediées soubz les sceaulx d'abbé et couvent de ladicte abbaye de Sainct-Michel, contenant le fait de ce present marché, si comme disoient lesdictes parties, dont chacune d'icelles se tindrent pour bien contentes ; et promirent, hinc inde, mesmement ledict Reverend soubz le veu de sa religion, et ledict Laurent par sa foy, pour ce corporellement donnée en la main dudict juré, et soubz l'expresse obligacion de tous ses biens et des biens de ses hoirs, meubles et inmeubles, presens et advenir, soubzmiz a la juridiction du Roy nostre sire, de ladicte prevosté et toutes autres juridictions quelzconques, et mesmement son propre corps à tenir en prison ferme, pour il estre contrainct à faire et acomplir tout le contenu en ces presentes lectres de point en point, en la maniere qui divisée est en icelles, sans jamais venir au contraire, sur peine de restituer par la partie contredisante tous interestz et dommaiges qui s'en pourroient ensuyvre, en renonçant en ce fait par lesdictes parties et une chacune d'icelles, à toutes choses contraires à ces presentes lectres, ou à leur teneur. En tesmoing de ce, nous garde dessusdict, ou rapport dudict juré, et par son seing manuel cy mis, avons scellé ces presentes du scel et contreseel de ladicte prevosté. Faictes et passées le derrenier jour de may 1503, es presences de religieuse personne frere Jehan Michellot, grant prieur et secretaire dudict Sainct-Michel, Anthoine le Moyne, masson, Pierre Royer, Thomas Mallegin, Estienne Royer, Claudin Royer et Jehan Royer, vignerons, demeurans à Tonnerre, et autres tesmoings ad ce requis et appellez par ledict juré.

Signé : MYHONNET, notaire.

(*Arch. de l'Yonne*, H. 2161, p. 179 et s.)

III

1503, 27 décembre.

Marché entre Étienne de Nicey, abbé de Saint-Michel de Tonnerre, et Jean
Doublon, blanchisseur, demeurant à Fain, près Moustier-Saint-Jean, pour
blanchir les cloîtres, chapitre, parloir et allées de ladite abbaye.

L'an mil cinq cens et troys, le xxviie jour du moys de Cecembre furent
presens en leurs personnes, Reverend pere en Dieu, monseigneur Estienne
le Nicey, licencié en decret, abbé de Sainct-Michel, d'une part, et Jehan
Doublon, blanchisseur, demourant à Fain près Moustier-Sainct-Jehan
l'autre part, lesquelz ont fait le marché tel que ledict Jehan doit blanchir les
cloistres, chappitre, parloir, allées actenant dudict Sainct-Michel, bien et
honnestement nectoyer la taille, joinctoyer et pinceller toute la taille, vielhe
et nouvelle, sellon ce que l'ouvraige le requiert, enrocher le dehors desdictz
cloistres, joinctoyer et pinceller les pilliers, et encarteller les enrochisse-
mens, joincter les pourtaulx, fenestres, par dedans et dehors, sellon la
nouvelle et vielle taille, faire tout ce qui sera necessaire de son mestier
ès lieux cy dessus divisez, et pinceller à blanc toute la taille de ladicte
besoigne, tant vielle comme nouvelle, à dit d'ouvriers ad ce cognoissans.
Et en ce faisant, se soignera et servira en tous despens. Et commencera
en besoigner en Karesme prouchain venant, à continuer en saison deue,
sellon ce que l'ouvraige le requiert. Et pour ce faire ledict Reverend luy
payera ainsi qu'il besoignera en icelle besoigne la somme de soixante livres
tournois, vingt bichetz de froment, deux bendes de lart, quatre muys de
vin de boisson seing et net, et une robbe au pris de cinquante à soixante
solz. Et fournira au dict blancheur toute matiere en place au lieu que le
arnoix pourra descharger sans rompre et sans charroyer sur le pavé de
ladicte besoigne. Si comme disoient icelles parties dont etc., promectant etc.,ᵉ obligant, renonçant, etc., moniti et condempnati auctoritate
domini officialis viva voce, per notarium Lingonensem soubzcriptum,
ès presences de Laurens Germain, prevost de Sainct-Michel et Pierre et
Gale, clerc serviteur demeurant audict lieu.

Signé : BONIOL.

(*Arch. de l'Yonne*, H. 2161, p. 197.)

IV

1513, 28 février.

Marché entre Étienne de Nicey et Claude Doublot et Pasquier de Paris, blan-
chisseurs, pour blanchir l'église Saint-Michel de Tonnerre.

L'an mil cinq cens et douze, le derrenierj our de febvrier comparurent en
leurs personnes pour ce faire, Reverend pere en Dieu, monseigneur maistre
Estienne de Nicey, licencié en decret, abbé de Sainct-Michel, d'une part,

et Claude Doublot, blanchisseur, demorant à Fain lès Moustier-Sainct-Jehan, Pasquier de Paris, aussi blanchisseur de Montbard, d'autre part; lesquelles parties ont cogneu et confessé avoir fait le marché tel qu'il s'ensuit : c'est assavoir que lesdictz Claude et Pasquier ont promis de blanchir toute l'eglise neufve dudict Sainct-Michel, ensemble toutes les chappelles et la crotaine, et partout où il appartiendra, et joincter lès mortiers des carreaulx, doubliaulx, ogives, piedz droitz, lesquelz il lavera et blanchira où il sera besoin, et par le dehors, et partout où il appartiendra, et aux dictz d'ouvriers à ce cognoissans, sans y reserver aucune chose, pourveu que ledict Reverend leur fornira toutes matieres, en place, fors l'eaue et les cordes. Et feront leurs cloisz es boys ainsi que bon leur semblera, et se serviront. Et avec ce ledict Reverend sera tenu leur paier la somme de huit-vingtz livres tournois, à paier ainsi qu'ilz besongneront, avec un muy de vin, un septier de fromment, et un septier de seigle, à paier comme dessus. Et commenceront à besongner incontinant apres Quasimodo prouchain venant, sans pouvoir prandre autre besongne, si ce n'est du consentement dudict Reverend durant l'euvre dessus divisée, et de mal diviser bien faire. Et si comme disoient lesdictes parties dont, etc. promectent, etc. hinc inde, c'est assavoir ledict Reverend per votum religionis, etc., et lesdictz Claude et Pasquier l'un pour l'autre et ung seul pour le tout, sur leurs biens, etc. et ne venir, etc., renunçans, etc., unde condempnati et moniti auctoritate domini officialis Lingonensis, etc. Fait presens, etc.

(*Arch. de l'Yonne*, H. 2162, fol. 4, r°.)

V

1513, 16 mai.

Nouveau marché entre Étienne de Nicey et Marc Mathieu, blanchisseur, pour le blanchissage de l'église neuve de Saint-Michel de Tonnerre.

L'an mil cinq cens et treize, le seiziesme jour de may comparurent en leurs personnes pour ce faire, Reverend pere en Dieu, monseigneur maistre Estienne de Nicey, licencié en decret, abbé de Sainct-Michel, d'une part, et Marc Mathieu, blanchisseur, demorant à Bernon d'autre part; lesquelles parties ont cogneu et confessé avoir faict le marché tel qui s'ensuyt : c'est assavoir que ledict Marc a promis de blanchir toute l'esglise neufve dudict Sainct-Michel, ensemble toutes les chapelles, et la crotaigne, et partout où il appartiendra, et joincter les mortiers des carreaulx, lesquelz il lavera et blanchira où il sera besoing, les doubleaux, augives, piedz droictz et par le dehors du gros des beez et des verrieres seulement, et partout où il appartiendra par dedans, au dict d'ouvriers à ce cognoissans, sans y réserver auculne chose, pourveu que ledict Reverend luy fornira toutes

matieres en place, fors l'eaue et les cordes, et fera les cloies aux boys
ainsi que bon luy semblera, et se servira. Et avec ce ledict Reverend sera
tenu luy payer la somme de huit vingt livres tornois, à payer ainsin qu'il
besongnera, avec un muyd de vin, ung septier de froment, et ung septier
seigle, à payer comme dessus. Et commencera à besoigner incontinant
après Penthecoste prochain venant, sans pouvoir prandre autre besoigne
sans le consentement dudict Reverend durant l'euvre dessus divisée, et de
mal diviser bien faire. Si comme, etc., promectant, etc., hinc inde, c'est assavoir ledict Reverend in voto religionis, etc. Et ledict Marc obligeant ses
biens sur peine, etc., renuncant, etc., unde moniti, etc., auctoritate domini
officialis Lingonensis, etc., ès presence de Guillaume Sellier, verrier et
Anthoyne le Moyne maçon tesmoings, demorans à Tonnerre.

Signé : REGIS.

(*Arch. de l'Yonne*, H. 2162.)

VI

1513, 20 juillet.

Décompte de Guillaume Sellier, verrier à Tonnerre, qui a fait les verrières de
l'église de Saint-Michel.

Pour les verrieres de l'eglise neufve.

Le xx⁰ jour de juillet mil cinq cens ans et treze congneut et confessa
Guillaume Sellier, verrier, demourant à Tonerre, avoyr compte à nous
abbé de Sainct-Michel soubscript, des verrieres par luy faictes pour la nef
de l'eglise dudict Sainct-Michel, et aussy pour la grand verriere du costé
du cymetiere pres la viz du cloché. Pour lesquelles verrieres luy avons
promis payer la somme de VIII vingtz livres tournois et de deux septiers
froment.

Livré et receu par les mains de messire Didier . . . . XXIIII l. t.
Item en une petite tassette d'argent . . . . XI l.
Item en plomb. . . . . IX l.
Item baillé par ledict Guillaume en aulmone pour la fa-
brique de l'eglise dudict Sainct-Michel . . . . XX l.
Item receu par les mains de Jehan de Hellandes. . . . X l.
Item en six trantains vin vermel. . . . . XL l.
Item plus en six trantains vin vermel et en une fillette
de clerct à sept frans pour muy . . . . XLV l. x s.
Item a receu en artre deux septiers froment . . . . .
qui est en somme sept vingtz dix neuf livres dix soulz tournois et dix
soulz tournois, que luy avons baillé contant qui est le payment de ladicte
somme de huyt vingtz livres, de laquelle somme ledict Guillaume s'est

tenu pour bien contant en la presence de frere Loys de Arnouville, prieur de Collan et de Jehan Bar cousturier et tailliandier.

Signé : DE ARNOUVILLE.   *Signé* : Guillaume CELLIER.

(*Arch. de l'Yonne*, H. 2162, fol. 16 r°.)

VII

1514, 22 juillet.

Marché conclu entre Étienne de Nicey, abbé commandataire de Saint-Pierre et de Saint-Martin de Molosmes, pour la réparation et reconstruction de l'église de Saint-Martin, et Didier Vaterin, maître maçon d'origine lorraine.

Le xxii° jour de juillet mil cinq cens et quatorze, comparurent en leurs personnes, Reverend pere en Dieu monseigneur maistre Estienne de Nicey, licencié en decret, abbé de Sainct-Michel, commandaatire de Molosmes la Fosse, et ou nom d'abbé dudict Molosmes, d'une part, et Didier Vaterin, maçon, natif de la conté du Val des Mons près Loraine, demorant à Tonnerre, d'autre part; lesquelles parties ont cognu et confessé avoir faict, pour les deux parts les marchandises de massonnerie cy apres divisez, pour l'eglise de l'abbaie dudict Molosmes, assavoir est : que ledict Didier erigera ung pignon sur le dernier doubleau de ladicte eglise, lequel pignon il montera et asserra sur ung faulx arc, et le garnira de bée, meneau et remplaige, de rempans de pierre de taille, et sur la poincte asserra une croix de pierre, et fera et erigera pilliers d'ung costé et d'aultre de ladicte nef qui se fonderont sur les pilliers et ars doubleaux des basses chappelles de ladicte nef, pour fortiffier les taz de charge et doubleaux d'icelle nef, en reparant les beez anciennes et les pilliers où il appartiendra. Et massonnera les gouttieres du costé du cymetiere de devers le cloistre, bien et honnestement, en faisant un glassis de pierre menue sur le vieul pignon pour joindre sur le nouveau ouvraige. Et pareillement fera pignon du costé de la croppe qui fondera sur le doubleau de la verriere neufve. Et aussi fera pignons sur les vieulx pignons du costé du dortoier, et du costé du cymetiere en joingnant les neufz ouvraiges aux vieulx par bonne ordonnance, lesquelz pignons il montera tout d'une haulteur, et les garnira de beez et rempans, croix de pierre de taille édifiées. Et montera les gotteraulx de toute ladicte eglise de menue pierre bien duyltée, et les encorbellera et entablera de haulteur de demy pied plus hault que la clef de la vielle tour, en reparant les pilliers desdictes croiséez, et en y faisant l'ouvraige qui appartiendra, en icelle besoigne, cy dessus declairée. Lequel Didier fournira toute pierre necessaire, tant des pairrieres d'Angiers (Angy?) comme aultres perrieres, à ses despens pour fournir audict ouvraige; lequel se servira et nourrira, fournira cordes, seigles, cyvieres, brouettes et eschelles, pour soy ayder en besoignant. Et commencera à la Toussainct prouchain venant, en continuant sans pouvoir prendre aultre besoigne, durant le temps qui luy a esté accordé et limitté jusquès à deux ans ensuyvans. Lequel Didier taillera sa pierre près le monastere, et se servira du costé dudict cymetiere, et par dedans l'eglise se mestier est, pourveu que ledict Reverend luy fera une lotge de bois rond, hors ledict monastere, couverte, pour illec tailler et mettre sa pierre. Et luy fournira ledict Reverend toutes matieres et tous bois en place convenable, tant pour ladicte besoigne, que forestaige pour soy chauffer. Et luy fera bailler à menger pour son cheval et pour luy, seullement en soy trouvent en la maison dudict Reverend, [aux] heures accoustumées. Et luy laisse icelluy Reverend la maison du portier et la chambre actenant, et le celier du dessoubz, et s'il est besoing luy laissera toutes les chambres qu'ilz sont sur la porte pour soy aydier, ledict temps durant, luy baillera deux lictz pour le lottger. Et avec ce ledict Reverend luy baillera en besoignant la somme de cinq cens livres tournois. Et sur ce a receu dix livres tournois par les mains dudict receveur Bolard dudict Molosmes, lequel Didier s'est tenu pour content, quatre muytz de bled par moittié froment et seigle, et deux septiers pois et febves, cinquante deux trantains de vin et dix muytz de despenses. Et rendra les vesseaulx audict Reverend. Luy fournira terre pour fere jardin et cheneviere. Par traiclé et marché fait entre lesdictes parties, si comme etc., dont etc., obligeant etc., renonçant etc. Es presences de religieuses personnes freres Victor Esperict, prieur et prevost, Jehan Thiebelle, aulmosnier, et Jehan de Marre, religieux d'icelle abbaie, maistre Jehan Berthier, curé de Gland, Jehan de Hellande, maistre des eaues et forestz dudict Molosmes, Arthur de la Vallée, escuier, maistre Laurens Germain, maistre maçon de l'eglise et cloistre Sainct-Michel, et plusieurs aultres tesmoings.

Signé : DELAFARGE.

(*Arch. de l'Yonne*, H. 2163.)

VIII

1515, 17 janvier.

Décompte de ce qu'a reçu Didier Vaterin.

Compte faict audict Didier du bled, vin, argent et poix par luy receuz depuis le commencement de l'ouvraige de l'eglise jusques au jour et dacte de ce present compte. Il a receu par les mains de messire Anthoine Bolard, recepveur, en plusieurs parties et à divers jours, la somme de soixante livres, en froment dix-huict bichetz ung meterin, en seigle ung septier, ung septier orge, apressée à trente solz, en deux porceaulx cent solz, en vin huit trainctains. Ainsi par compte et rabatu, il a receu 66 l. 10 s. t.

En froment . . . .   xviii bichetz 1 meterin.
En seigle. . . . .   1 septier.
Vin . . . ~ . . . .   viii tranctains.
Poix . . . .   1 meterin.

Fait le xviie jour de janvier mil Vc et quatorze[1] ès presences de Adrien le Moine, chastellain de Molosmes, Anthoine Bourgois de Thore.

Signé : DELAFARGE.

(*Arch. de l'Yonne*, H. 2163.)

IX

514, 31 décembre.

Marché pour la charpenterie de l'église de Saint-Martin de Molosmes, conclu
entre Étienne de Nicey et Jacob Girard, charpentier.

Le penultieme jour de decembre mil Vc et quatorze, comparurent en leurs personnes, Reverend pere en Dieu, monseigneur maistre Etienne de Nicey, licencié en decret, abbé commandataire de Sainct-Pierre de Molosmes la Fosse, d'une part, et Jacob Girard, charpentier, demorant a Tonnerre d'autre part, lesquelz ont marchandé de faire l'ouvraige de charpentier sur l'eglise de l'abbaye dudict Molosmes, en la maniere qui s'ensuit : assavoir que ledict Girard est et sera tenu de faire l'ouvraige de bois sur la nef et croisées de ladicte eglise, sellon l'antablement et ordonnance de la massonerie en pareille sorte ou meilleur que la charpenterie de l'eglise de Sainct-Michel, sans clochier, sauf qu'il sera tenu de faire bafroy pour mectre les deux petites cloches qui sont à present à la vielle tour. Et sur la derreniere croisée de la nef, faira charpenterie, sellon ce que la massonnérie neufve le requerra, laquelle charpenterie portera feste pour y mectre des claires voyes, plombées et dorées, pour embellissement de la besoigne, laquelle besoigne il montera et y besoignera de jour en jour, en maniere que l'eglise soit couverte le plus bref que faire ce pourra. Et en ce faisant, se soignera servira et fournira tous engins et cordages et aultres choses necessaires à ladicte besoigne, laquelle il fera bien et deuement et du mal divise bien faire, et le tout audict des ouvriés à ce cognoissans. Et en icelle charppenterie qui ce fera en façon de tour sur ladicte derniere croisée, sera tenu fere ung bafroy pour asseurer les cloches de ladicte eglise, et sera tenu à abattre la vielle charpenterie, et reparer la charpenterie des basses voultes, ce mestier est, pourveu que ledict Reverend luy fournira le forestaige de tous bois à ce convenables, et luy fera charroier et mectre en place hors ladicte abbaie en lieu pour tailler et y fere ce qu'il appartient, et luy paiera en besoignant, la somme

[1] L'année commençait à Pâques.

de unze vingt livres tournois et seize septiers par moittié froment et seigle, et quatre septiers orge, et vingtz muytz de vin de boisson, en rendant les vesseaulx par ledict Girard audict Reverend, desquelz luy baillera une bonne robbe la besogne faicte et parfaicte, et aussi une chambre garnie de deux couches et deux cuissins; et fournira et escarrera le bois necessaire à cinctrer ou à fere engins pour servir au masson qui fera la massonnerie de ladicte eglise. Si comme disoient lesdictes parties etc., promettans etc., obligeans etc., renonçans etc. Es presences de noble homme Claude de Beze[1], demorant a Malassise paroisse de Vauldron, et de Didier Valterin, maistre maçon de l'ouvraige de ladicte eglise.

Signé : DELAFARGE.

(*Arch. de l'Yonne*, H. 2063.)

X

1514, 10 novembre.

Compte des ferrures employées au monastère de Saint-Martin de Molosmes, par Jacques Ravary, serrurier.

Compte faict par nous abbé de Sainct-Michel avec Jaquot Ravary, serrurier, des ouvrages par luy faictz à ferrer les portes et les chères de l'eglise neufve, la ferrure de la porte soubz la chappelle, et la ferrure du pressouer de Molosmes, ès quelles ferrures a employé unze vingt six livres de fer, forny par luy, sauf le fer du pressouer de Molosmes. Pour ce luy est deu unze livres six solz tornois. Et sur ce a receu par Hellende quatre livres, et par nous, à deux fois sept livres, et par messire Didier dix solz en argent et en bled, jusques à huy x° de novembre mil cinq cens et quatorze, qui est pour le bled par luy receu de messire Didier cent cinq solz. Tout compté et rabattu, il a receu seize livres cinq solz. Et sur ce luy est deu pour la ferrure desdictes chères six livres dix solz. Et par ainsy luy est deu trente et ung solz et vingt solz pour la ferrure de la porte Sainct-Jehan que avons ordonné à messire Didier luy bailler, et aussy dix solz pour la ferrure du pressouer dudict Molosmes. Faict ès presences de messire Didier Roy, curé d'Espineul et de Pierre Marquelet, menusier de Molosmes.

Signé : REGIS, notaire.

(*Arch. de l'Yonne*, H. 2162.)

XI

1516, 1er septembre.

Marché pour la réparation des cloches de Saint-Martin de Molosmes, conclu entre l'abbé Étienne de Nicey et Joachim de la Boutele, maître fondeur.

Le premier jour de septembre mil V° et seize, comparurent en leurs

[1] Père du célèbre Théodore.

de Sainct-Michel et commandataire de Molosmes, d'une part, et maistre
Joachim de la Bouticle, clochetier et fondeur, d'autre part; lesquelles parties ont cogneu et confessé, assavoir ledit Joachim de fondre deux cloches
qui sont à present pendues au cloché neuf de l'abbaye dudict Molosmes,
et les refere à neuf à ses propres coustz et despens en sa maison au lieu
de Troyes, et les accorder à d'aultres cloches qui demeurent pendues
audict cloché, qui sont entonnées en sol et fa, et pour accorder lesdictes
cloches neufves sera (*corr.* fera) les entonner en my et ré, pourveu que
ledict Reverend les luy fera mener en sa dicte maison, et luy payera
pour la façon desdictes deux cloches, soixante livres tournoys, et pour
chascun cent de matiere neuvfe qu'il employera ausdictes cloches, ledict
Reverend sera tenu luy en payer dix huict livres tournoys pour chascun
cent. Lequel Reverend les renvoyera querir audict Troyes à ses despens,
et aussy pour veoir poiser lesdictes neufves et vielles cloches pour scavoir
de quel poix elles seront, affin de payer et contenter ledict Joachim selon
ce qu'il aura forny de matiere neuvfe, sans ce que ledict abbé soit tenu
fornir aultre chose, par accord et traicté fait entre lesdictes parties, ès
presences de religieuses personnes frere Jehan Michelot, prebstre de Bar
sur Seyne, et Jehan Marquelet, religieux dudict Molosmes, et Guerin Lecourt, boulangier demorant à Tonnerre, tesmoings, par devant moy notaire soubsigné stipulant à l'officialité de Lengres.

Signé : Regis.

Signé : Joachin de la Bouticle.

Le xie jour de novembre oudict an. Compte faict entre les dessus dictes
parties de l'ouvraige contenu au marché des cloches à luy baillées et qui
paisoient trois milliers cinquante deulx livres et demy, et des cloches
neufves qui poisent trois milliers quatre cent soixante six livres. Et ainsi
luy est deub en matiere neufve quatre cens treize livres qui vallent soixante
et douze livres pour les quatre cens, et pour les treize livrés, quarente
cinq solz. Et sic luy est deub six vingtz quatorze livres cinq solz. Sur quoy
il a receu trois muydz de vin pour dix livres à luy livres par ledict Reverend en la maison dudict Joachin, et quatre vingtz dix livrés paiez audict
Joachin, par Adren Lemoyne, recepveur de Molosmes, et trente quatre
livres cinq solz paiez par ledict Reverend dont ledict Joachin s'est tenu
pour content.

Signé : Joachin de la Bouticle; Delafarge; Regis.

(*Arch. de l'Yonne*, H. 2162.)

9 782012 893573